KB067421

101가지
쿨하고 흥미진진한
전쟁 이야기

들어가며

세계사를 공부하려는 친구들에게

　우리가 공부하는 역사에는 크게 두 가지 길이 있지. 세계사와 한국사라는 길이야. 한국사는 우리 민족의 역사이니 당연히 중요해. 그런데 지금 지구상에서 우리나라만 따로 똑 떨어져 살 수 없듯이, 세계사도 소홀하게 여길 수는 없어. 오랫동안 우리 민족은 이웃 나라, 이웃 민족들과 다양한 관계를 이루고 살아왔잖아? 세계사는 이웃 나라, 이웃 민족들과의 관계를 통해 우리 민족이 살아온 환경을 보여 주는 역사야. 그러니 반드시 우리 역사와 함께 공부해야 해.

　그런데 세계사는 많은 나라와 시대를 담고 있기 때문에 공부하기 쉽지 않아. 어느 길로 접근해야 할지 망설여지기도 하고 말이야. 그래서 '전쟁'이라는 사건들을 통해서 세계사를 알아 가도록 안내하고자 해.

　전쟁은 인류의 비극이지. 당하는 사람들에게는 커다란 고통이고 아픔이야. 하지만 아이러니하게도, 지금까지의 역사를 보면 전쟁이 인류에게 많은 역할을 했다는 것을 알 수

있어. 전쟁을 하려고 뚫은 길로 인해 교통이
발달하고 무역이 활발해지기도 했지. 또 전쟁에
이기려고 여러 가지 무기를 개발하는 과정에서
새로운 기술이나 과학이 발달하기도 했어. 지금 우리가 편하게 누리고
있는 수많은 문명 중에는 전쟁 때문에 만들어진 것도 많지. 물론 전쟁
을 치르지 않고도 이런 발전이나 발달을 이뤘으면 더욱 좋았을 거야.
하지만 수많은 전쟁이 인류의 역사를 움직이고 문명 발달에 큰 역할을
해 온 것은 사실이지.

　이 책에 실린 전쟁 이야기를 읽고 많은 친구들이 세계사에 더 많은 관
심을 가져 주었으면 해. 그리고 수많은 전쟁의 결과가 가진 교훈을 스스
로 찾아낸다면 더할 나위 없겠지. 이 책에 실린 101가지 이야기를 실마
리로 삼으면 더 자세한 전쟁 이야기, 더 큰 세계사의 그림을 찾아낼 수
있을 거야. 그럼 우리 그 큰 그림들을 찾으러 함께 떠나 볼까?

2022년 9월
황인희

제1장　유럽과 서아시아를 뒤흔든 전쟁

제2장 동아시아의 판도를 바꾼 전쟁

제3장   신대륙에서 일어난 전쟁

제4장   전 세계가 뛰어든 전쟁

우리 역사를 담은 전쟁

이 책에 등장하는 전쟁(시기순)

제1장

유럽과
서아시아를
뒤흔든 전쟁

001 사과 한 알이 부른 전쟁
트로이 전쟁 ①

사과는 재배할 수 있는 지역이 넓어서인지 세계사 이야기에 자주 등장하지. 인류의 역사를 바꿔 놓은 사과로는 인류 최초의 여자인 이브가 낙원에서 따 먹은 사과, 뉴턴이 중력의 법칙을 발견하게 했던 사과, 또 트로이 전쟁의 원인이 된 파리스의 사과까지 세 개를 꼽기도 해.

그중 파리스의 사과는 그리스 신화에 나오는 이야기야. 신들의 잔치에 초대받지 못해서 화가 난 불화의 여신 에리스는 '가장 아름다운 여신에게'라고 쓰인 사과를 잔치가 열리는 곳에 보냈어. 그런데 '가장 아름다운 여신'은 누구를 말하는 것일까? 여신들 가운데 헤라, 아테나, 아프로디테는 서로 자신이 가장 아름다운 여신이라며 사과를 갖겠다고 했지. 신 중의 신 제우스는 난처해졌어. 그래서 양치기 파리스에게 물었지.

"누가 가장 아름다운 여신인가?"

세 여신은 자신을 뽑아 달라고 파리스에게 뇌물을 내놓았어. 헤라는 세계를 지배할 힘을, 아테나는 어떤 전쟁에서도 승리할 수 있는 힘을, 아프로디테는 세상에서 가장 아름다운 여자를 아내로 주겠다고 약속했지. 파리스는 아프로디테가 가장 아름답다고 말했어. 그런데 파리스가 아내로 원한 여자는 스파르타의 왕비인 헬레네였단다. 이미 남편이 있는 여자였던 거야. 원래 트로이 왕자였던 파리스는 아프로디테의 도움을 받아 헬레네를 데리고 트로이로 달아났어.

이 일로 스파르타뿐만 아니라 그리스 전체에서 난리가 났지. 스파르타는 그리스의 도시 국가 중 하나였거든. 아내 헬레네를 빼앗긴 스파르타의 왕 메넬라우스는 그리스의 영웅을 모두 모아 연합군을 만들었어. 그리고 수많은 군인을 이끌고 트로이로 쳐들어갔지.

 ## 99퍼센트가 모르는 역사 상식

10년 동안 트로이 성을 공격했지만 부수지 못한 그리스군은 한 가지 꾀를 냈어. 고향으로 돌아간 척하고 큰 목마 안에 숨은 거야. 트로이 사람들은 목마를 전리품이라 생각하여 성 안으로 끌고 들어갔고, 그날 밤 트로이는 점령당했다고 해.

아킬레스건은 발목 뒷부분에 있는 아주 튼튼한 힘줄을 말해. 하지만 아킬레스건에는 '치명적인 약점'이라는 뜻도 있단다. 이 낱말에 나오는 아킬레스는 트로이 전쟁의 최고 영웅이었지. 그 누구도 아킬레스를 당할 수 없었다고 해. 왜냐하면 아킬레스는 상처를 입지 않는 몸이었거든.

그리스 신화에는 저승의 스틱스강에 몸을 담그면 다치거나 죽지 않는

다는 이야기가 있어. 아킬레스의 어머니는 바다의 여신 테티스였는데, 테티스는 어린 아킬레스를 스틱스강에 담가 죽지 않는 몸으로 만들었다고 해. 그런데 이때 테티스는 아주 커다란 실수를 저질렀단다. 테티스가 잡고 있었던 발목 부분은 강물에 닿지 않았기 때문에, 그 부분이 아킬레스의 유일한 약점이 되고 만 거야. 결국 아킬레스는 트로이 전쟁에서 적의 장수가 쏜 독화살을 발뒤꿈치 위에 맞고 죽었다고 해. 그래서 아킬레스건이라는 말이 생겨난 거지.

003 트로이 전쟁을 증명한 사업가
트로이 전쟁 ③

오랫동안 사람들은 트로이 전쟁이 신화나 문학 작품 속의 이야기라고 생각했어. 트로이 전쟁에서 활약한 영웅들의 이야기를 담은 〈일리아드〉도 전해 오는 이야기를 바탕으로 지어낸 작품이라고 여겼지. 〈일리아드〉는 고대 그리스의 전설적인 시인 호메로스가 기원전 850년 쯤에 지은 아주 긴 시란다. 그런데 하인리히 슐리만이라는 독일의 사업가가 트로이 전쟁이 실제 있었던 일이라는 걸 밝혀냈어.

어린 시절부터 〈일리아드〉 이야기를 들으면서 자라난 슐리만은 그 내용이 실제로 있었던 일일 거라고 굳게 믿었어. 어른이 된 슐리만은 열

심히 일하여 돈을 많이 모았지. 그는 〈일리아드〉에 나오는 트로이 유적을 찾으러 직접 튀르키예로 갔어. 결국 슐리만은 트로이는 물론, 그보다 1000년이나 앞선 고대 도시의 유적들도 발견했지. 엄청난 양의 값진 유물도 찾아냈고.

슐리만은 마구잡이로 발굴 작업을 하다가 유적을 훼손하기도 했고, 튀르키예에서 발굴한 유물을 몰래 독일로 가져갔기 때문에 많은 비판을 받기도 해. 하지만 땅속에 파묻혀 있던 트로이가 슐리만 덕분에 바깥 세상으로 나와 빛을 보게 되었지.

◆ 트로이 전쟁(기원전 13세기 경) : 트로이와 그리스 연합군 사이의 전쟁

마라톤은 전쟁에서 시작되었다?
페르시아 전쟁 ①

지금의 이란 부근에 있던 고대 국가 페르시아는 세 차례에 걸쳐 그리스를 공격했어. 그중 '마라톤 전투'는 페르시아의 두 번째 공격을 아테네군이 크게 물리친 사건이야.

당시 그리스는 아테네, 스파르타와 같은 도시 국가들로 이뤄져 있었지. 2차 침입 당시, 페르시아는 그리스의 중심 도시 국가인 아테네를 노렸어. 아테네는 도시 중심에서 고작 40여 킬로미터 떨어진 마라톤 평원에서 적과 맞서야 했단다. 아테네는 동맹국인 스파르타에 도움을 요청했지. 하지만 아폴론 신전에 제사를 지내는 기간이었기 때문에 스파르타는 도와줄 수 없었어. 어쩔 수 없이 아테네 혼자서 페르시아를 상대해야 했지.

페르시아군의 수는 아테네군보다 세 배나 더 많았어. 그래서 페르시아군은 아테네군을 얕잡아 보았지. 그런데 아테네의 장군 밀티아데스는 방어보다는 적극적인 공격을 펼치기로 했어. 잘 훈련된 아테네군이 마구 쳐들어가자 페르시아군은 당황했지. 결국 페르시아군은 큰 피해를 입고 마라톤 평원에서 후퇴했어.

그때 아테네 시민들은 마라톤 전투의 결과를 걱정하며 광장에 모여 있었지. 그 군중을 뚫고 페이디피데스라는 군사가 달려왔어. 그는 "우리가 승리했다!"라는 말을 전하고는 그 자리에 쓰러져 목숨을 잃었다고 해. 전설로 내려오는 이 이야기를 기념하여, 페이디피데스가 달린 거리(약 40킬로미터)를 똑같이 뛰는 운동 경기 마라톤이 만들어졌지.

✏️ 99퍼센트가 모르는 역사 상식

전 세계에서 유일하게 마라톤을 금지하는 나라가 있어. 바로 이란이야. 이란 사람들은 페르시아의 후손이니 마라톤을 기념하는 것이 기분 좋을 리 없겠지?

다리우스 1세 뒤를 이은 페르시아 왕 크세르크세스는 30만 명이 넘는 대군을 이끌고 그리스로 쳐들어갔어. 3차 페르시아 전쟁이 벌어진 거야. 그리스에서는 30여 개의 도시 국가가 아테네를 중심으로 동맹군을 조직하고 페르시아와 싸울 준비를 하고 있었어. 그때 그리스 도시 국가 중 군사력이 가장 강한 나라는 스파르타였지. 그래서 스파르타가 동맹

군 총사령관으로서 육군을 지휘하기로 했고, 아테네는 페르시아 해군과 맞서 싸우기로 했어.

스파르타의 왕 레오디나스는 테르모필레 고개에서 페르시아군과 치열한 전투를 벌였지. 페르시아군은 강한 스파르타군을 쉽게 이기지 못했어. 그런데 스파르타에 배신자가 있었던 거야. 그 배신자가 지름길로 페르시아 정예 부대를 안내하여 스파르타군 뒤쪽으로 데려갔지. 앞뒤에서 공격당한 스파르타의 레오니다스 왕과 병사들은 끝까지 싸우다 모두 전사했어.

그 무렵 그리스 해군을 지휘하던 테미스토클레스는 페르시아 함대를 살라미스의 좁은 바다로 끌어들였지. 페르시아의 배들이 한 곳에 몰리게 되자 그리스 배가 이를 들이받으며 공격했어. 당황한 페르시아 해군은 배를 돌리지도 못하고 자기들끼리 부딪혀 더 큰 피해를 입었지. 밤이 되자 폭풍우까지 몰아쳐 페르시아 함대의 4분의 3이 바다에 가라앉아 버렸어. 지형을 잘 아는 그리스 함대는 얼른 안전한 곳으로 피할 수 있었단다. 살라미스 해전에서 크게 진 후, 크세르크세스는 페르시아로 돌아갔어. 하지만 그리스와 페르시아의 전쟁은 이후에도 몇십 년 동안이나 계속되었지.

♦ 페르시아 전쟁(기원전 490년~기원전 448년 경) : 페르시아와 그리스 사이의 전쟁

강한 군대를 만드는 방법
펠로폰네소스 전쟁 ①

그리스 도시 국가를 대표하는 스파르타와 아테네는 여러 면에서 다른 나라였어. 바닷가에 자리 잡은 아테네는 바닷길을 이용한 상공업이 발달했고 해군의 힘이 강했지. 반면 스파르타는 내륙에 있어서 주로 농사를 지었고 육군의 힘이 셌어.

두 나라 사람들은 민족도 달랐는데, 스파르타는 도리아 사람들이 정복한 나라야. 그런데 예전부터 그 땅에 살던 원주민들이 자꾸 반란을 일으켜 스파르타를 위협했어. 그들을 다스리기 위해서는 강한 군대가 필요했지. 그래서 스파르타의 남자들은 모두 군인이 되었고 여자들은 그 군인들을 돕는 전사가 되었어. 스파르타 시민들은 강인한 전사가 되기 위해 남자든 여자든 어릴 때부터 집을 떠나 단체 생활을 했지. 부모와 떨어져 살며 혹독한 훈련을 받았어. 그래서 아주 엄격한 훈련을 뜻하는 '스파르타식 훈련'이라는 말이 나온 거야. 나라 전체가 군대나 다름없었던 스파르타는 그 덕분에 그리스에서 가장 강한 군대를 가질 수 있게 되었어.

 99퍼센트가 모르는 역사 상식

스파르타의 어린이들은 아주 적은 음식을 먹고, 한겨울에도 얼어 죽지 않을 만큼의 얇은 옷만 입고 견뎌야 했대.

007 고대 그리스는 왜 멸망했을까?
펠로폰네소스 전쟁 ②

아테네는 페르시아가 다시 공격해 올 것에 대비하여, 그리스 도시 국가들 사이에 동맹을 맺자고 제안했어. 바로 델로스 동맹이야. 동맹국들

은 전쟁이 일어났을 때 공동으로 쓰기 위해 돈을 모았어. 그 돈은 델로스 섬에 보관했는데 금고 열쇠를 중심 국가인 아테네가 가지게 되었지. 그러면서 아테네는 페르시아와 평화 조약을 맺었어. 전쟁이 일어날 가능성은 줄어들었는데, 전쟁을 대비한 돈은 아테네가 독차지하고 있었던 거야. 아테네의 힘이 너무 강해지는 것에 대해 스파르타를 비롯한 다른 도시 국가들은 불만을 갖기 시작했어. 강한 군사력을 가지고 있던 스파르타는 아테네가 커지는 것을 보고만 있을 수 없었단다. 결국 스파르타와 아테네 사이에서는 펠로폰네소스 전쟁이 일어나게 되었어.

27년에 걸친 긴 전쟁을 치르면서 스파르타는 예전에 적이었던 페르시아를 끌어들이기도 했어. 몇몇 도시를 페르시아에 넘겨주는 대가로 혹

해 쪽을 막아달라고 했지. 흑해는 아테네군에게 필요한 물자를 나르는 바닷길이었거든. 서로 엎치락뒤치락하던 전쟁은 스파르타의 승리로 끝났어. 아테네의 자랑이었던 함대는 스파르타로 넘어가고, 델로스 동맹은 해체되었지. 그리고 스파르타는 그리스 도시 국가 중 가장 강한 나라가 되었어.

   그런데 문화의 힘은 없고 군사력만 강한 스파르타가 그리스의 중심 국가가 되면서 그리스는 점점 쇠퇴하기 시작했어. 결국 기원전 4세기에 마케도니아와의 전쟁에서 패배하여 고대 그리스는 그 자취를 감추게 되었단다.

♦ 펠로폰네소스 전쟁(기원전 431년~기원전 404년) : 아테네와 스파르타 사이의 전쟁

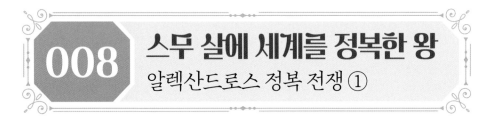

008 스무 살에 세계를 정복한 왕
알렉산드로스 정복 전쟁 ①

   알렉산더 대왕으로 알려진 알렉산드로스는 마케도니아에서 태어났어. 그는 열두 살 때 사나운 말을 쉽게 길들일 정도로 용감한 소년이었지. 열여섯 살 때까지 그리스의 대학자인 아리스토텔레스를 스승으로 모시고 공부도 아주 열심히 했대.

알렉산드로스와 그의 아버지 필리포스는 여러 나라를 정복하면서 영토를 넓혀 나갔지. 이미 힘이 약해진 그리스도 마케도니아의 손에 들어갔어. 하지만 필리포스가 암살된 후, 왕위에 오른 알렉산드로스는 혼자서 정복 전쟁을 치러야 했지. 그때 알렉산드로스의 나이는 고작 스무 살이었다고 해. 그래도 아버지와 전쟁터에 같이 다니며 쌓았던 많은 경험 덕분에 곳곳에서 승리를 거뒀어.

왕이 된 지 얼마 지나지 않아 알렉산드로스는 페르시아 원정을 시작했어. 아버지 필리포스 때부터 준비해 오던 일이었지. 그런데 그때 페르시아는 세계에서 가장 크고 강한 제국이었어. 지중해에서 인도에 이르는 넓은 땅을 거느리고 있었거든. 하지만 알렉산드로스는 뛰어난 작전을 펼쳐 조금씩 조금씩 페르시아 땅을 차지했지. 결국 알렉산드로스는 약 6년 만에 페르시아를 완전히 정복했단다. 페르시아를 차지한 알렉산드로스는 높은 산맥을 넘어 인도로 향했어. 하지만 오랜 전쟁에 지친 군사들은 더 이상 전투를 하지 않으려 했지. 고향을 떠나 전쟁터에서 지낸 지 7년이나 되었거든. 그래서 결국 인도는 포기해야 했어.

✏️ 99퍼센트가 모르는 역사 상식

더 넓은 땅을 차지하려는 야망을 가슴에 키우고 있던 34세의 알렉산드로스는 갑자기 열병에 걸려 허무하게 세상을 떠나고 말았단다.

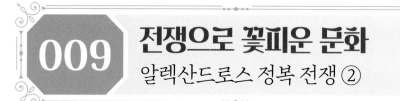

009 전쟁으로 꽃피운 문화
알렉산드로스 정복 전쟁 ②

알렉산드로스는 이집트를 정복하고 그곳에 자신의 이름을 따 알렉산드리아라는 커다란 국제 도시를 만들었어. 그는 정복하는 곳마다 알렉산드리아라는 이름의 도시들을 건설했지. 그 도시들을 중심으로 나라 사이에 무역을 하게 되었고 상업이 발달하게 되었어. 상인들은 알렉산드로스가 만든 길을 통해 이 나라 저 나라에 물건을 팔러 다녔대.

부처님이 왠지
서양인처럼 생겼어.

헬레니즘 문화의
영향이야!

알렉산드로스는 정복한 동방 나라의 문화를 적극적으로 받아들였어. 자신이 페르시아 왕 다리우스의 딸과 결혼함으로써 모범을 보였고, 마케도니아 군인들이 페르시아 여자들을 아내로 맞이하도록 장려했지. 페르시아 사람들을 차별하지 않고 관리로 뽑아 쓰기도 했어. 그 결과 서양인 마케도니아·그리스의 문화와, 동방인 페르시아·인도 문화가 한데 아우러진 새로운 문화가 만들어졌지. 이것이 바로 '헬레니즘 문화'야.

헬레니즘 문화는 인도에도 전해졌어. 인도의 간다라 지방에서는 그리스 사람을 닮은 불상이 많이 발견되었는데, 헬레니즘 문화의 영향으로 만들어진 불상들이야. 이런 미술풍을 간다라 미술이라고 하는데 이는 중국을 통해 한반도에까지 흘러들어 왔어. 알렉산드로스는 오래전 세상을 떠났지만 그가 남긴 헬레니즘 문화는 지금까지도 전 세계에 영향을 끼치고 있는 거야.

◆ 알렉산드로스 정복 전쟁(기원전 334년~기원전 323년) : 마케도니아의 알렉산드로스 대왕이 주변 나라를 정복한 전쟁

010 코끼리를 타고 산을 넘어라!
포에니 전쟁 ①

로마와 카르타고 사이에서 일어난 포에니 전쟁은 120년 동안 세 차례에 걸쳐 벌어졌어. 로마가 있는 이탈리아반도와 카르타고가 있던 아프리카 대륙 사이에 있는 바다 '지중해'를 차지하기 위해서였지.

제1차 포에니 전쟁은 두 나라 사이에 있는 시칠리아 섬 때문에 벌어졌어. 로마는 육군이 강하고 카르타고는 해군이 강해서 쉽게 승패를 가릴 수 없었단다. 20년 넘게 계속된 전쟁 끝에 결국 로마가 승리하여 카르타고는 시칠리아 섬을 내줘야 했지.

카르타고는 로마에 복수하기 위해 많은 준비를 했어. 제2차 포에니 전쟁 때는 로마가 지중해를 차지하고 있었기 때문에 카르타고는 육로를 선택했지. 카르타고의 장군 한니발의 군대는 아프리카에서 바다를 건넌 다음, 에스파냐(스페인)가 있는 이베리아반도를 통과하여 로마를 공격했어. 그 길은 높고 험한 피레네산맥과 알프스산맥이 가로막고 있었는데, 한니발은 수많은 군사와 코끼리 부대를 이끌고 두 산맥을 넘은 거야. 전쟁을 하러 가는 데에만 무려 2년이 걸렸대.

처음 코끼리를 본 로마군은 겁을 먹고 도망치기도 했어. 하지만 곧 코끼리 부대의 약점을 알아챘지. 바로 '소리'였어. 로마군은 나팔을 불어 댔고, 코끼리는 그 소리에 놀라 허둥지둥했어. 로마군의 반격에 밀린 한니발은 지중해를 건너 다시 카르타고로 돌아가야 했지. 결국 제2차 포에니 전쟁도 로마의 승리로 끝났어.

지도에서 사라진 비운의 나라
포에니 전쟁 ②

제2차 포에니 전쟁에서도 패배한 카르타고는 엄청난 피해를 입었어. 거기다 어마어마하게 많은 배상금을 50년 동안이나 로마에 물어야 했지. 또 카르타고가 지배하던 지중해의 섬들도 다 로마에 넘겨주었어. 지중해를 차지하고 거기서 돈을 벌어들일 수 있는 여러 가지 권리를 로마에 다 빼앗기고 만 거야. 그뿐만이 아니지. 로마는 카르타고가 다시

는 군대를 못 만들게 하고, 로마의 허락 없이는 다른 나라와 전쟁을 못 하도록 했어. 카르타고는 어쩔 수 없이 숨죽이며 살아야 했지. 그래도 카르타고 시민들은 전쟁의 상처를 치유하고 경제를 회복하기 위해 힘을 모았어.

그런데 카르타고의 발목을 묶어 놓고도 로마는 안심할 수 없었어. 예전의 카르타고가 무척 강한 나라여서, 언제 또 힘을 키워 로마를 위협할지 몰랐기 때문이야. 로마는 카르타고를 공격할 핑계를 만들었어. 카르타고가 다른 나라와 전쟁을 하도록 꼬여 낸 거지. 로마는 카르타고와 가까이 있는 누미디아에게 카르타고를 공격하라고 부추겼어. 카르타고는 어쩔 수 없이 누미디아와 전쟁을 치르게 되었지. 그런데 로마가 그 전쟁을 허락했을 리 없잖아? 로마는 오히려 그 전쟁을 핑계 삼아 카르타고를 공격했어. 제3차 포에니 전쟁이 벌어진 거야. 로마군은 카르타고 성을 완전히 파괴하고 불질러 버렸어. 사람들을 마구잡이로 죽이고, 살아남은 사람들은 노예로 팔아 버렸지. 이로써 한때 지중해를 지배하던 카르타고라는 나라는 지도에서 흔적도 없이 사라지고 말았어.

✎ 99퍼센트가 모르는 역사 상식

카르타고가 있던 튀니지에 가면 로마의 유적만 남아 있고, 카르타고의 유적은 거의 없다고 해.

◆ 포에니 전쟁(기원전 264년~기원전 146년) : 로마와 카르타고 사이의 전쟁

주사위는 던져졌다!
갈리아 전쟁

로마의 정치 제도는 몇 차례 바뀌었는데, 세 명의 지도자가 다스리는 '삼두 정치'가 실시된 적도 있었어. 제1차 삼두 정치를 주도한 건 카이사르와 크라수스, 폼페이우스였지. 하지만 카이사르는 주로 전쟁터에서 지냈어. 그가 치른 대표적인 전쟁은 갈리아 전쟁이야. 8년에 걸친 긴 전쟁 끝에 카이사르는 갈리아 지방을 정복하고 지금의 프랑스, 벨기에, 스

위스와 독일에 이르는 넓은 땅을 로마의 영토로 만들었지. 그런데 로마 원로원(로마 시대의 정치 단체)은 갈리아 전쟁에서 승리한 카이사르의 힘이 커지는 것을 두려워했어. 그 사이 크라수스가 죽자, 원로원은 폼페이우스만을 로마의 최고 관리인 집정관으로 임명했지. 그리고 갈리아를 다스리던 카이사르에게 로마로 돌아오라고 명령했어.

원래 원로원으로부터 돌아오라는 명령을 받은 사람은 군대를 해산하고 무장하지 않은 채 로마에 들어와야 했어. 갈리아와 이탈리아의 경계에 있는 루비콘강을 건너기 전에 무기를 버려야 했지. 하지만 카이사르는 군대를 이끌고 무장한 채로 루비콘강을 건넜어. 여기서 "루비콘강을 건넜다", "주사위는 던져졌다"라는 말들이 만들어졌지. 이미 일이 저질러졌다는 얘기야. 로마로 쳐들어간 카이사르는 폼페이우스의 지지자들과 싸웠어. 결국 카이사르가 승리하고 폼페이우스는 이집트로 도망쳤다고 해.

✎ 99퍼센트가 모르는 역사 상식

> 그 후에도 카이사르의 정복 전쟁은 계속되었어. 흑해 연안의 폰투스 왕국에 승리하고 돌아왔을 때, 카이사르는 원로원에 "왔노라, 보았노라, 이겼노라"라고 보고했대. 얼마나 자신감이 넘쳤는지 고스란히 보이지?

♦ 갈리아 전쟁(기원전 58년~기원전 51년) : 로마와 갈리아 부족 사이의 전쟁

'존귀한 사람'이 탄생한 해전
악티움 해전

카이사르의 권력은 황제나 다름없을 정도로 강해졌어. 그런데 그때까지만 해도 로마는 공화정이 실시되고 있었지. 공화정은 로마 시민이 뽑은 정치 지도자가 다스리는 제도였어. 카이사르는 공화정을 지키려는 사람들로부터 죽임을 당했지. 카이사르가 죽은 후 옥타비아누스, 레피두스, 안토니우스의 제2차 삼두 정치가 시작되었어.

그중 레피두스가 세력을 잃고 제2차 삼두 정치는 다시 무너졌지. 옥타비아누스와 안토니우스도 서로 사이가 나빠져 싸우기 시작했어. 이집트 여왕 클레오파트라와 사랑에 빠진 안토니우스는 로마에 있는 아내와 자식을 버리고 이집트로 가 버렸지. 그 무렵 안토니우스가 미리 써 둔 유언장이 세상에 공개되었어. 자신은 클레오파트라 여왕과 함께 이집트 알렉산드리아에 묻힐 것이고, 로마는 자신의 아들들이 다스릴 것이라는 내용이었지. 옥타비아누스는 로마를 위협하는 배신자 안토니우스와의 전쟁을 선포했어.

안토니우스는 옥타비아누스가 이끄는 로마 군대와 싸우기 위해 그리스 근처 악티움에 진지를 만들었지. 그곳에서 안토니우스·클레오파트라의 함대와 옥타비아누스가 이끄는 로마 함대가 맞붙어 치열한 전투를 벌였어. 그런데 전투가 한창일 때, 위기를 느낀 클레오파트라가 자신의 함대를 이끌고 이집트로 가 버렸지. 안토니우스도 그 뒤를 따라 철수했어. 로마군은 도망친 두 사람을 잡으러 이집트로 쫓아갔고, 더 이상 도망칠 곳이 없던 안토니우스와 클레오파트라는 스스로 목숨을 끊었어. 악티움 해전에서 승리한 공으로 옥타비아누스는 로마 원로원으로부터 '존귀한 사람'이라는 칭호를 받았어. 아직 공식적으로 황제는 없었지만, 로마는 이미 이때부터 황제의 나라가 된 거야.

♦ 악티움 해전(기원전 31년~기원전 30년) : 옥타비아누스의 로마와 안토니우스·클레오파트라의 이집트 사이에 일어난 전쟁

서로서로 목숨을 빼앗은 이유
마사다 전투

마사다는 이스라엘에 있는 높은 요새 이름이야. 유대의 왕이었던 헤롯은 반란이 일어났을 때를 대비하여 이 요새를 만들었다고 해. 안에는 궁전과 무기고, 식량 창고, 커다란 물 저장 시설이 있어서 많은 사람이 피신해 있을 수 있었지. 또한 마사다의 사방이 절벽이고 꼭대기로 올라가는 통로는 좁고 험한 길 하나뿐이어서 적이 쉽게 공격하지 못한다는

이점도 있었어.

헤롯왕이 다스리던 시절 유대 왕국은 로마 제국의 식민지였어. 유대인들은 로마에 맞서 전쟁을 일으켰는데, 그 전쟁에 지는 바람에 로마 황제에게 예루살렘을 빼앗겨 버렸어. 유대인 967명은 마사다로 피신했고, 로마의 총독 플라비우스 실바는 마사다의 유대인들마저 무찌르기 위해 9000여 명의 군인을 데려왔지. 그들은 노비 6000여 명과 함께 마사다 바깥에 성벽을 쌓았어. 그렇게 빈틈없이 가두면 마사다의 유대인들이 겁을 먹고 항복할 거라고 생각한 거야. 하지만 유대인들은 그 안에서 약 2년을 버텼지. 그러나 계속된 공격에 더 이상 버틸 수 없었던 유대인들은 살아서 로마인들에게 치욕을 겪느니 모두 죽기로 결심했어. 그런데 유대인은 자살을 살인보다 더 큰 죄악이라 생각했기 때문에, 추첨으로 뽑힌 열 명이 다른 유대인들을 모두 죽이기로 했어. 나중에 남은 사람들도 서로를 죽였지. 성을 부수고 마사다 안에 들어간 로마군은 스스로 죽음을 택한 시신들만 남아 있는 것을 보고 충격을 받았다고 해.

♦ 마사다 전투(73년) : 로마와 유대인 사이의 전쟁

이슬람교를 세계에 알리다
사라센 정복 전쟁

사라센 제국은 7세기 이후 마호메트와 그 후계자들이 세운 이슬람 제국을 통틀어 부르는 말이야. 하지만 '사라센'이란 이름을 가진 왕조가 있었던 것은 아니지. 그리스인과 로마인이 아라비아인을 '사라세니'라고 부른 데서 비롯된 이름이야. 처음에는 아라비아 사람들만을 가리켰지만 나중에는 아랍 민족과 이슬람교를 믿는 사람들을 모두 일컫는 말

이 되기도 했어.

이슬람교를 만든 마호메트가 세상을 떠난 뒤 이슬람교 지도자가 된 사람은 아부바크르야. 그를 중심으로 이슬람 세력의 대규모 정복 전쟁이 시작되었단다. 이들은 7세기에서 8세기 초에 걸쳐 시리아, 페르시아 등 중동 지방과 인도 북부를 모두 정복했고 아프리카로 건너가 이집트, 튀니지 등을 점령했지. 또 바다를 건너 지금 에스파냐(스페인)가 있는 이베리아반도까지 차지했어. 중동에서 아프리카를 거쳐 유럽의 입구까지 다다른 거야. 이슬람교가 만들어진 지 채 100년도 되지 않았을 때였어.

사라센 군대는 피레네산맥을 넘어 서프랑스의 투르까지 진출했어. 그런데 투르 근처에서 벌어진 프랑크 왕국과의 전투에서 크게 패배했지. 이후 이슬람 세력은 더 이상 서유럽으로 진출하지 않고 군대를 돌렸어. 나중에 사라센 군대는 다시 소아시아 쪽을 통해 유럽으로 나아가려고 했지만 비잔틴 제국에 막혀 더 이상 서쪽으로 나가지 못했어. 그 후 얼마 지나지 않아 사라센 제국은 두 나라로 나뉘어 힘이 약해졌고, 결국은 작은 나라들로 쪼개졌지. 사라센 제국은 사라졌지만 중앙아시아를 중심으로 성장한 이슬람교의 세력은 전 세계로 퍼져 나갔어.

♦ 사라센 정복 전쟁(7세기~8세기 초) : 아랍의 이슬람 세력과 주변 나라들 사이의 전쟁

영국을 노린 해적들
바이킹의 영국 정복 전쟁

바이킹은 북유럽의 스웨덴, 노르웨이, 덴마크 등에 살던 노르만족을 말해. 바다 가까이에 살던 그들은 주로 배를 타고 다니며 바다를 중심으로 살았지. 그런데 바이킹이 바다에서 물고기만 잡아먹고 살았을까? 아니야. 지나가는 배를 공격하여 재물을 빼앗는 해적으로도 유명했지. 유럽 사람들은 바이킹이라는 이름만 들어도 무서워했어. 앞부분이 멋지게

구부러진 날렵한 바이킹의 배는 공포의 대상이 되었지.

바이킹은 북유럽의 바다를 차지했을 뿐만 아니라, 다른 나라의 영토까지 쳐들어갔어. 이들은 인구가 늘어나 살던 땅이 부족해지자 바다를 건너가 남의 땅을 빼앗고 그곳에 눌러살기도 했지. 8세기 이후부터는 바이킹 중 덴마크 사람들이 영국을 침략하여 그곳에 식민지를 만들었어. 영국은 바이킹과의 전쟁에서 두 번이나 크게 패배했단다. 첫 번째 전쟁 이후 바이킹에 점령당한 영국 땅을 '데인로'라고 불렀대. '덴마크의 법이 통하는 곳'이라는 뜻이야. 두 번째 침략에 승리한 덴마크 왕은 아예 영국의 왕이 되었지. 영국 땅의 절반 이상이 바이킹 손에 들어갔고 그곳은 300년 동안 바이킹의 식민지나 다름없게 되었어.

 99퍼센트가 모르는 역사 상식

영국 땅 전체가 바이킹에게 정복당하는 것을 막은 사람이 있어. 바로 웨섹스 왕국의 앨프레드 대왕이야. 그는 9세기 후반 에딩턴 전투에서 바이킹을 물리쳤어.

♦ 바이킹의 영국 정복 전쟁(9세기 말) : 노르만족이 영국을 침략한 전쟁

크리스트교는 예수를 구세주로 받드는 종교를 통틀어 말해. 가장 먼저 생겨난 천주교, 1054년에 분리된 동방정교회, 종교개혁 이후 갈라져 나간 개신교, 영국의 헨리 8세가 시작한 성공회 등이 크리스트교에 포함되지. 크리스트교는 로마 제국과 함께 유럽 전체에 영향을 끼쳤어. 특히 동로마와 서로마로 나뉘기 전의 로마 제국은 유럽 최강의 나라였지. 그 덕에 천주교의 가장 높은 성직자인 교황도 큰 힘을 발휘할 수 있었

어. 하지만 로마 제국이 둘로 나뉘고 천주교도 분리되는 등 여러 가지 이유로 교황의 힘이 약해지기 시작했지. 유럽 사람들은 늘 예전의 강력한 로마 제국을 그리워하고 다시 로마 제국이 부활하기를 꿈꾸곤 했단다.

그때 이슬람교를 믿는 나라 셀주크 튀르크가 쳐들어왔다며 동로마 제국(비잔틴 제국)에서 도움을 요청해 왔어. 사람들은 서유럽 나라들과 비잔틴 제국이 힘을 합해 싸우면 동서로 나뉘었던 크리스트교가 하나로 합쳐질 거라는 기대를 갖게 되었어. 그 기대를 등에 업고 당시 교황 우르바누스 2세는 연합군을 만들자고 제안했지. 교황은 이슬람 세력이 지배하고 있던 예루살렘을 되찾자고 주장했어. 예루살렘은 크리스트교의 성지였거든. 여러 개로 쪼개졌던 유럽 국가의 왕들은 교황의 제의에 찬성하여 군대를 보내왔지. 그때 교황의 깃발 아래 모인 기사들의 가슴과 어깨에 십자가를 새겼기 때문에 이들을 '십자군'이라고 해. 1096년 십자군이 예루살렘으로 떠남으로써 시작된 십자군 전쟁은 1270년까지 일곱 차례에 걸쳐 계속되었어.

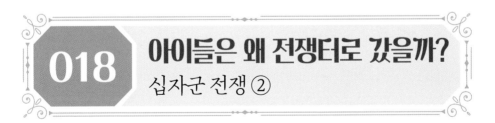

018 아이들은 왜 전쟁터로 갔을까?
십자군 전쟁 ②

십자군 전쟁이 몇 차례 계속되었지만 여러 사람이 처음 기대했던 것

들을 얻을 수는 없었어. 성지를 되찾겠다는 목표는 시들해졌고 왕들은
교황의 말에 처음만큼 크게 호응하지 않았지. 그러나 욕심을 버릴 수 없
었던 사람들은 4차 십자군 원정 이후 소년 십자군을 모집했어. 하느님
께서는 피를 좋아하는 군인들보다 소년·소녀들의 사랑으로 성지를 되
찾게 하실 것이라는 주장을 내세운 거야.

　첫 번째 소년 십자군은 프랑스의 작은 마을의 양치기 소년 에티엔으
로부터 시작되었어. 그는 "환상 속에서 예수로부터 프랑스 왕에게 전할
편지를 받았다"라며 함께 편지를 전달하러 갈 소년·소녀들을 모았지.
그중 일부가 십자군으로 나선 거야. 이들은 프랑스 남부 마르세유에서
일곱 척의 배에 나눠 타고 이탈리아로 갔지. 그런데 가다가 배 두 척이

부서져 그 배에 타고 있던 소년 십자군들이 목숨을 잃었어. 또 마르세유의 노예 상인에게 붙잡혀 북아프리카 알렉산드리아의 노예 시장으로 팔려 갔어. 오히려 알렉산드리아의 이슬람 지도자가 살아남은 아이들을 고향으로 돌려보내 주었지.

두 번째 소년 십자군은 독일 쾰른에서 나타났어. 니콜라스라는 열 살짜리 소년이 앞장서서 성지를 향해 떠난 거야. 그들은 알프스산맥을 넘어 이탈리아로 들어갔지만 지중해를 건너지는 못했어. 소년과 소녀들은 배고픔과 피로에 지쳐 죽고, 동방에서 노예로 팔리기도 했지. 결국 소년 십자군 운동은 비극으로 끝났단다. 하지만 이 사건들로 종교적 열정에 다시 불이 붙었고, 제5차 십자군 전쟁으로 이어졌지.

019 목표는 하나, 욕심은 여러 개
십자군 전쟁 ③

십자군의 목표는 성지를 되찾는 것이었지만, 그 깃발 아래 모여든 사람들의 속마음이 다 같았던 것은 아니야. 먼저 교황 우르바누스 2세는 동서로 나뉘어 있던 크리스트교를 하나로 묶어 교황의 힘을 좀 더 강하게 만들고 싶었지. 또 땅과 군대를 가지고 있던 지방의 영주들은 더 넓은 땅을 새로 얻을 수 있는 기회라 생각했어. 영주 아래서 직업 군인으

로 일하던 기사들은 지위가 높아지고 돈을 많이 벌 수 있을 것이라 기대했지. 또 상인들은 동방 세계와의 무역을 통해 사업을 번창하게 만들려고 했어. 농민들은 노예나 다름없던 농노의 신분에서 벗어나기 위해 전쟁에 나섰지.

이처럼 다양한 욕심을 가진 사람들은 계속 십자군이 되어 이슬람국을 공격했어. 하지만 십자군은 제1차 전쟁 단 한 번만 승리했을 뿐이야. 결국 십자군 전쟁은 실패로 끝났고 교황의 권위는 땅에 떨어졌어. 기사 계급과 영주들도 몰락했지. 영주들의 땅을 차지할 수 있었던 왕들의 권력은 강해졌어. 지방 영주들의 전성기가 지나고 왕에게로 힘이 모이는 새로운 시대가 된 거야. 또 십자군 전쟁으로 동방과의 무역이 활발해져 지중해 주변의 도시들이 발달했지. 의학·화학·수학·천문학 등 앞선 이슬람 문화는 서유럽 문화 발전에 큰 영향을 끼쳤어.

◆ 십자군 전쟁(11세기~14세기) : 유럽의 크리스트교 세력과 아랍의 이슬람 세력 사이에 일어난 전쟁

020 프랑스 땅을 가진 영국 왕
백년 전쟁 ①

백년 전쟁의 주된 원인은 영국 왕이 프랑스에 영토를 가지고 있었다는 거야. 그렇게 된 이유를 찾으려면 912년까지 거슬러 올라가야 하지. 당시 바이킹의 침략에 시달리던 프랑스 왕은 바이킹의 노르만족이 살 수 있도록 아예 바닷가 땅을 떼어 주었어. 노르만족이 사는 땅이라 하여 그곳을 '노르망디'라고 했지. 노르만족은 그곳에 노르망디 공국을 세웠어.

그런데 1066년, 노르망디를 다스리던 윌리엄 공작이 영국을 공격하여 영국 왕 윌리엄 1세가 되었지. 영국과 프랑스는 이 하나의 사건을 서로 다른 눈으로 보았어. 프랑스에서는 영국이 프랑스 왕의 신하가 다스리는 땅이라 생각했고, 영국은 자신들의 땅이 프랑스에도 있다고 본 거지. 이 불편한 관계가 오랫동안 이어지다가 백년 전쟁이 일어난 거야.

백년 전쟁이 일어나게 된 직접적인 원인은 프랑스 왕 필립 6세가 영국 왕이자 노르망디 공인 에드워드 3세에게 충성을 요구한 것이었어. 그런데 에드워드 3세는 충성 서약도 거부했을 뿐만 아니라 아예 자신이 프랑스 왕이 되겠다며 전쟁을 일으켰지.

전쟁 초기, 에드워드 3세는 병사들의 희생을 막기 위해 필립 6세에게 여러 가지 방법으로 결투를 신청했대. 첫째, 국왕끼리 대결하거나 대표 몇 사람끼리 결투하기. 둘째, 굶주린 사자와 싸워 살아남는 사람이 이기는 것으로 하기. 셋째, 환자의 병을 빨리 고치는 사람이 이기는 것으로 하기. 하지만 필립 6세는 이 제안을 모두 거절했고 결국 두 나라는 100년 동안 전쟁을 하게 되었어.

021 내가 가장 먼저 죽겠소!
백년 전쟁 ②

칼레는 영국과 좁은 바다를 사이에 두고 있는 프랑스의 도시야. 영국과 가장 가까운 이 도시는 백년 전쟁 초기에 영국군으로부터 집중 공격을 받았지. 온갖 악조건을 견디며 1년 가까이 영국군의 공격에 저항하던 칼레는 결국 영국에 항복했는데, 영국 왕 에드워드 3세는 칼레의 시민을 모두 죽이겠다고 했어. 1년 동안이나 자신의 앞길을 막은 것에 화

가 난 거야. 칼레시의 대표들은 도시와 시민들을 살려달라고 에드워드 3세에게 간절히 요청했어. 그러자 에드워드 3세는 생각을 바꿔 다른 조건을 내놓았지.

"모든 시민을 다 죽이지는 않겠다. 시민 중 여섯 명이 자신의 목을 매달 밧줄을 목에 건 다음, 맨발로 영국군 진지에 와서 도시의 열쇠를 건네게 하라. 그러면 그들만 처형하겠다."

그 말이 떨어지자마자 칼레에서 가장 부자 중 한 사람인 유스타슈 드 생 피에르가 자신을 보내 달라고 나섰어. 그 뒤로 높은 관리, 부자, 존경받는 시민 등 상류층 사람들이 계속 지원했지. 그런데 지원자가 일곱 명이어서 한 명이 빠져야 했어. 누가 빠질지 결정하지 못한 이들은 다음 날 아침 가장 늦게 오는 사람을 빼기로 하고 집으로 돌아갔지. 그런데 다음 날 아침, 여섯 명은 모였는데 가장 먼저 지원한 유스타슈 드 생 피에르가 오지 않았어. 알고 보니 그는 다른 여섯 명의 용기가 약해지지 않도록 스스로 목숨을 끊었던 거야.

남은 여섯 명이 처형대에 선 순간, 기적 같은 일이 일어났어. 왕비가 임신했다는 소식을 들은 에드워드 3세가 이들을 모두 살려 주었지. 아이에게 불길한 일이 닥칠까 두렵다며 자비를 베풀라고 왕비가 설득했거든. 결국 칼레 시민 일곱 명의 용기 있는 행동이 칼레의 모든 시민의 생명을 구한 거야.

그리하겠습니다!

프랑스를 지키고
오를레앙을 구하거라~

백년 전쟁은 두 나라의 국내 사정과 페스트라는 무서운 전염병 때문에 멈췄다 다시 일어나는 식으로 되풀이되었어. 그런데 1442년, 영국왕과 프랑스 왕이 연이어 죽자 영국은 자신들의 왕 헨리 6세가 프랑스왕까지 겸하게 했어. 이를 받아들일 수 없었던 프랑스 사람들은 오를레앙 가문의 샤를 7세를 따로 왕으로 모셨지. 영국은 샤를 7세를 몰아내고 프랑스를 완전히 지배하기 위해 오를레앙을 포위했어. 영국군에 계속 지기만 했던 프랑스군의 사기는 떨어졌고, 귀족들은 영국군에 항복하여 편안하게 살려고 했지. 프랑스의 운명이 위태로운 지경에 이른 거야.

그때, 17세 소녀 잔 다르크가 나타났어. 잔 다르크는 "프랑스를 지키고 오를레앙을 구하라"라는 천사의 목소리를 들었다고 했지. 샤를 7세를 만난 잔 다르크는 자신 있게 말했어.

"저에게 군대를 주세요. 그렇다면 오를레앙에서 승리하여 신의 계시를 나타내 보이겠습니다."

절망에 빠져 있던 샤를 7세와 프랑스군 지휘관들은 잔 다르크의 말에 자신감을 얻었어. 결국 잔 다르크는 오를레앙과 프랑스를 위기에서 구해냈지. 프랑스의 승리로 샤를 7세는 정식으로 프랑스 왕이 되었어.

✎ 99퍼센트가 모르는 역사 상식

잔 다르크는 영국군에게 잡혀 '마녀'라는 죄명으로 화형을 당했대.

♦ 백년 전쟁(1337년~1453년) : 영국과 프랑스 사이의 전쟁

023 두 종교가 섞이다
오스만의 콘스탄티노플 점령

비잔티움은 튀르키예 이스탄불의 원래 이름이야. 그런데 330년 로마 황제 콘스탄티누스 1세가 로마의 수도를 이곳으로 옮기면서 이름이 바뀌었지. 황제의 이름을 따서 '콘스탄티노플'이 된 거야. 395년 로마 제국이 둘로 나뉘면서 콘스탄티노플은 동로마 제국의 수도가 되었어. 동로마 제국은 비잔틴 제국이라고도 불렸지. 서로마 제국이 멸망한 후 콘

스탄티노플은 로마의 종교인 크리스트교의 중심지가 되었어. 오랫동안 번성하던 비잔틴 제국은 십자군 원정대에게 공격당하고 이탈리아의 침략을 받으면서 점점 힘이 약해졌어. 결국 다른 땅은 다 잃고 성벽으로 둘러싸인 콘스탄티노플만 남게 되었지.

1453년, 오스만 제국 군대가 콘스탄티노플을 공격했어. 황제와 성 안의 시민들은 50일 가까이 버티며 끝까지 저항했지. 오스만 제국의 군대는 10만 명이 넘었지만 성 안의 군인은 7000명도 되지 않았어. 술탄이라 불리던 오스만 제국의 황제는 비잔틴 제국의 황제에게 사신을 보내 항복하라고 했지. 그런데 비잔틴 황제가 이를 거부하자, 술탄은 총공격을 명령했어.

결국 콘스탄티노플은 바다에서, 육지에서 한꺼번에 쳐들어오는 오스만 제국 군대를 당해 내지 못하고 점령되었어. 이로써 1128년을 유지해 온 비잔틴 제국은 역사 속으로 완전히 사라진 거야. 오스만 제국은 콘스탄티노플의 이름을 이스탄불로 바꾸고 제국의 수도로 삼았어. 이슬람 국가인 오스만 제국은 이스탄불에 살던 사람들에게 신앙의 자유를 약속했지. 그 덕분에 이스탄불에 있던 크리스트교의 유산은 지금도 여러 문화와 종교가 섞인 채 보존되어 있어.

♦ 오스만의 콘스탄티노플 점령(1453년) : 오스만 제국과 비잔틴 제국의 전쟁

흰 장미와 붉은 장미의 대결
장미 전쟁

백년 전쟁에서 패배하여 프랑스에 영토를 빼앗긴 뒤, 영국에서는 귀족들 간의 싸움인 장미 전쟁이 일어났어. 영국의 대표적인 귀족 집안 요크가家와 랭커스터가家는 왕 자리를 놓고 무려 30년 동안이나 서로 치열하게 싸웠지. 당시 요크가의 상징은 흰 장미였고, 랭커스터가의 상징은 붉은 장미였기에 이들의 싸움을 장미 전쟁이라 불렀단다.

양쪽 가문은 서로 에드워드 3세의 자손임을 내세워 왕 자리를 차지하려 했어. 그때 영국 왕은 랭커스터 가문의 헨리 6세였지. 그런데 헨리 6세는 나라를 다스릴 능력이 없고 정신도 멀쩡하지 않았어. 왕 자리를 놓고 벌어진 첫 번째 전투에서는 요크 가문이 승리했지. 요크 공작 리처드는 헨리 6세를 몰아내고 자신의 아들인 에드워드 4세를 왕 자리에 앉혔어.

두 번째 싸움은 요크 가문 내부에서 일어났어. 워릭의 백작 리처드 네빌과 에드워드 4세의 동생 클래런스 공작이 반란을 일으킨 거야. 이 싸움에서 승리한 워릭 백작 일파는 에드워드 4세를 포로로 잡고 헨리 6세를 다시 왕으로 앉혔어. 이때 네덜란드로 도망간 에드워드 4세는 2년 후에 다시 돌아와 왕 자리를 되찾았단다. 이후 에드워드 4세가 죽고 그의 아들 에드워드 5세가 왕이 되었지만 숙부 글로스터 공작에 의해 쫓겨났어. 글로스터 공작은 직접 왕위에 올라 리처드 3세가 되었어. 하지만 랭커스터가의 헨리 튜더가 보즈워스 평원 전투에서 리처드 3세를 죽였지. 프랑스의 지원을 받아 리처드 3세를 물리칠 수 있었던 헨리 튜더는 헨리 7세가 되었고, 이로써 장미 전쟁은 끝이 났어. 이 전쟁으로 영국의 수많은 귀족과 기사가 목숨을 잃었는데, 이로 인해 왕의 힘이 더 강해지게 되었단다.

◆ 장미 전쟁(1455년~1485년) : 영국의 랭커스터 왕가와 요크 왕가 사이의 전쟁

025 종이 한 장으로 죄가 사라질까?
종교 전쟁

십자군 전쟁이 실패한 후 가톨릭교 교황의 권력은 크게 약해졌어. 그런데도 가톨릭교회의 부정부패는 갈수록 심해졌지. 세금을 멋대로 거둬들이고, 일반인들의 토지를 빼앗아 교회의 재산을 늘렸어. 그런 교회의 횡포에 대한 비판의 목소리가 여기저기서 터져 나왔지.

본격적으로 종교개혁이 시작된 것은 1517년 독일에서였어. 당시 교황 레오 10세는 로마의 성 베드로 대성당을 짓는 비용을 마련하기 위해 면죄부를 팔았지. 면죄부란 죄지은 사람의 죄를 용서한다는 문서야. 돈 주고 산 종이 한 장으로 어떻게 죄를 용서받을 수 있겠어? 그런데도 독일의 마인츠 지역 대주교는 교황에게 돈을 바치기 위해 면죄부를 마구 팔았어. 독일의 성직자 마르틴 루터는 이를 비판하는 '95개조 반박문'을 인쇄하여 퍼트렸지. 마르틴 루터는 루터파 교회를 세워 가톨릭교회와 정면으로 맞섰어.

처음에 가톨릭교회는 루터파를 인정하지 않았어. 또 가톨릭교회를 지지하는 황제들은 루터파 신도들을 탄압했지. 그런데 루터를 지지하는 제후와 도시들은 '슈말칼덴 동맹'을 맺고, 가톨릭교회를 지지하는 황제들과 전쟁을 벌였어. 결국 가톨릭교회는 1555년 루터파를 정식으로 인정할 수밖에 없었지. 마침내 교황의 지배를 받지 않는 크리스트교가 생겨난 거야. 가톨릭교를 예전부터 있던 교회라는 의미에서 '구교', 루터교를 새로 생긴 교회라 하여 '신교'라고 불렀지. 그런데 이때까지도 나라 전체가 신교를 믿을 것인지 구교를 믿을 것인지 결정할 수 있었을 뿐, 개인이 자유롭게 신앙을 선택할 수는 없었어. 이것이 종교 전쟁의 불씨가 되었지.

♦ 종교 전쟁(16세기 경) : 유럽에서 구교와 신교가 대립한 여러 번의 전쟁

026 전쟁이 낳은 관용
위그노 전쟁

앙리 4세

난 개종했지만 다른 위그노들은 믿고 싶은 종교를 믿으라고.

난 나를 믿는다.

이단이다!

종교개혁은 여러 나라에서 연이어 일어났어. 루터의 영향을 받은 칼뱅은 스위스 제네바에서 장로제(교회에서 뽑힌 원로들이 교회를 이끌어 가는 제도)를 중심으로 하는 종교개혁에 성공하였지. 재산 모으는 것을 탐욕이라고 여긴 가톨릭교회와 달리, 칼뱅은 직업을 존중하고 이윤 추구를 인정했어. 그 덕분에 상공업을 하는 시민들의 지지를 많이 받았단다.

칼뱅파는 상공업이 발달한 지역을 중심으로 퍼져 나갔는데, 지역마다 이름이 달라졌지. 잉글랜드에서는 청교도, 스코틀랜드에서는 장로파, 프랑스에서는 위그노, 네덜란드에서는 고이센이라는 이름으로 불렸어. 그런데 루터파와는 달리, 칼뱅파는 가톨릭교회의 인정을 받지 못했대. 그 때문에 프랑스에서 '위그노 전쟁'이라는 종교 전쟁이 일어난 거야.

1562년 3월 1일, 가톨릭 신자들이 위그노들을 학살함으로써 본격적인 위그노 전쟁이 시작되었지. 무려 30년 동안 계속된 이 전쟁은 앙리 4세에 의해 마무리되었어. 위그노의 우두머리였던 앙리 4세는 두 종교의 화해를 위해 직접 가톨릭으로 개종하여 왕위에 올랐지. 그후 1598년에 낭트 칙령을 발표했고 이로써 위그노 전쟁은 끝이 난 거야.

 99퍼센트가 모르는 역사 상식

낭트 칙령은 위그노에게 신앙의 자유를 인정한다는 내용이었는데, 여기서 '톨레랑스'라는 말이 생겨났어. 톨레랑스는 남이 믿는 종교도 인정한다는 의미로 쓰이다가, 지금은 나와 다른 사람의 차이를 받아들인다는 '관용'의 뜻으로 쓰이고 있지.

◆ 위그노 전쟁(1562년~1598년) : 프랑스의 구교 세력과 신교 세력 사이의 전쟁

027 종교가 유럽의 국경을 정하다
30년 전쟁

다양한 신교가 만들어지고 유럽 여러 나라로 퍼져 나가자 가톨릭교회는 대책을 세웠어. 가톨릭교회 내부의 문제를 개선함과 동시에 신교도에 대한 엄격한 징벌을 만들었지. 교황청은 종교 재판소를 세우고 가톨릭교리에 어긋나는 생각을 가졌거나 다른 종교를 믿는 사람들을 잡아들여 불태웠어. 이처럼 잔인한 억압에 신교도들은 거세게 반발했지.

30년 전쟁은 독일 안에서 시작된, 신교도와 구교도 사이의 종교 전쟁이야. 하지만 주변의 덴마크, 스웨덴, 프랑스, 에스파냐 등 유럽 여러 나라가 참여한 영토 전쟁으로 이어졌어. 1648년에 베스트팔렌 조약을 맺으면서 전쟁은 끝이 났는데, 에스파냐와 덴마크는 유럽에서의 권세를 잃었고 프랑스는 유럽의 강국으로 떠올랐어. 스웨덴은 발트해의 지배권을 손에 넣었고 네덜란드는 에스파냐로부터 독립했지. 지금의 서유럽 국경은 거의 이때 정해졌다고 해.

♦ 30년 전쟁(1618년~1648년) : 유럽의 구교 세력과 신교 세력 사이의 전쟁

028 누가누가 왕이 될까?
에스파냐 왕위 계승 전쟁

17~18세기 초, 에스파냐 왕 자리를 누가 차지하는가는 유럽 사람들에게 중요한 문제였어. 에스파냐 왕은 에스파냐는 물론 이탈리아, 아메리카 대륙까지 다스렸거든. 그래서 프랑스의 부르봉 왕가와 오스트리아의 합스부르크 왕가가 그 자리를 두고 다투었지. 그런데 에스파냐 왕실과 프랑스의 부르봉 왕가는 친척 관계였어. 결국 카를로스 2세는 프랑스 왕 루이 14세의 손자인 앙주 공작 필리프(펠리페 5세)에게 왕위를 물려주었지.

당시 필리프는 프랑스의 왕위를 계승할 후계자였어. 그가 에스파냐와 프랑스 두 나라의 왕이 된다면 어마어마하게 넓은 영토를 차지하게 되

겠지? 그러면 유럽의 힘의 균형이 깨질 수도 있어. 그래서 합스부르크 왕가는 에스파냐 왕의 자리를 가져오기 위해 전쟁을 일으켰단다. 그 중심 인물은 신성로마제국의 황제 레오폴트 1세였지. 이렇게 해서 에스파냐와 프랑스가 한 편이 되어 신성로마제국, 영국, 포르투갈, 네덜란드 등 다른 유럽 국가들과 싸우게 되었어.

🖊 99퍼센트가 모르는 역사 상식

10년이 넘는 전쟁 끝에 펠리페 5세는 에스파냐 왕 자리를 지킬 수 있었어. 하지만 프랑스의 왕위는 계승할 수 없게 되었지.

◆ 에스파냐 왕위 계승 전쟁(1701년~1714년): 에스파냐와 프랑스를 상대로, 신성로마제국을 중심으로 한 유럽 여러 나라가 치른 전쟁

여자는 왕이 될 수 없다고?
오스트리아 왕위 계승 전쟁

프로이센의 왕이 된 프리드리히 2세는 슐레지엔 땅을 차지하려고 했어. 폴란드 남서부에 위치한 슐레지엔은 광업과 섬유업이 발전하여 매우 잘사는, 탐나는 땅이었지. 당시 슐레지엔은 오스트리아 합스부르크 왕가가 다스리고 있었어. 마침 그 무렵, 오스트리아 왕이자 신성로마제국 황제였던 카를 6세가 세상을 떠났는데 뒤를 이을 아들이 없었지. 그

래서 맏딸인 마리아 테레지아가 황제가 되었어. 그런데 프로이센의 프리드리히 2세는 여자가 왕위에 오르는 것은 인정할 수 없다고 주장하고 나섰지. 그러면서 마리아 테레지아의 남편을 신성로마제국의 황제가 되도록 지원할 테니 슐레지엔을 떼어 달라고 요구했어.

오스트리아는 프리드리히 2세의 제안을 거부했지. 전쟁을 일으킬 핑계를 찾던 프리드리히 2세는 4만 명의 군사를 이끌고 슐레지엔을 공격했어. 프로이센은 7주 만에 슐레지엔을 점령했는데, 이 소식을 듣고 프랑스와 에스파냐 등 여러 이웃 나라가 프로이센 편에서 전쟁에 참여했어. 오로지 영국만이 오스트리아 편이었지. 영국은 프랑스가 강해지는 것을 막기 위해 오스트리아를 도운 거야. 적의 적은 우리 편이잖아? 그래서 사람들은 이 전쟁을 영국과 프랑스의 제2차 백년 전쟁이라고 부르기도 했어.

결국 프리드리히 2세가 슐레지엔을 가지고, 마리아 테레지아는 오스트리아의 영토 대부분에 대한 상속권을 가지며 전쟁이 끝났어. 그런데 이 전쟁에 참여했던 영국과 프랑스 등 다른 나라들은 별다른 성과도 없이 물러나야 했지.

♦ 오스트리아 왕위 계승 전쟁(1740년~1748년) : 오스트리아와 프로이센을 중심으로 한 유럽 여러 나라의 전쟁

030 유럽에 떠오른 새로운 강자
7년 전쟁

오스트리아의 마리아 테레지아 황제는 프로이센에 복수하고 빼앗긴 슐레지엔을 되찾으려 했어. 그래서 군사력을 강화하고 프랑스, 러시아, 스웨덴, 독일의 작센 등과 동맹을 맺었어. 프로이센을 외톨이로 만든 거지. 프랑스는 오스트리아 왕위 계승 전쟁에서는 프로이센 편이었지만 이번에는 오스트리아와 손을 잡았어.

그러자 프로이센은 영국의 도움을 받기로 했지. 편드는 나라가 바뀌었을 뿐, 영국과 프랑스는 다시 적국이 된 거야. 프로이센은 재빨리 작센으로 쳐들어가 수도 드레스덴을 점령해 버렸어. 또 강력한 오스트리아·프랑스 연합군과 맞서 싸워 크게 승리하기도 했지. 하지만 프로이센을 지지하던 영국의 총리가 물러나고, 영국은 더 이상 병력을 지원하지 않았어.

위기에 처한 프로이센을 구한 것은 러시아였단다. 당시 러시아에서는 오스트리아를 지지하고 동맹을 맺었던 옐리자베타 황제가 세상을 떠나고, 표트르 3세가 새 황제가 되었어. 평소 프리드리히 2세를 존경하던 표트르 3세는 오스트리아와의 동맹을 끊고 프로이센을 지원했지. 오스트리아는 러시아의 지원 없이는 전쟁을 계속하기 어렵다고 판단했고, 전쟁을 끝내기로 조약을 맺었지. 이로써 슐레지엔은 완전히 프로이센의 땅이 되었고, 이후 프로이센은 독일을 통일하고 유럽의 새로운 강대국으로서 자리잡게 되었지.

♦ 7년 전쟁(1756년~1763년) : 유럽의 열강이 모두 참여한 동맹 전쟁

031 유럽의 질서를 흔들다
나폴레옹의 러시아 원정 ①

1789년, 프랑스에서 혁명이 일어났어. 그때 귀족들은 물론 국왕인 루

나폴레옹

우리나라에도 혁명이 일어나면 어쩌지?

단두대 무서워….

이 16세와 왕비까지 목숨을 잃었지. 이런 소식을 들은 주변 나라들은 두려움에 빠졌어. 혁명의 물결이 자기네 나라로 밀려오면 큰일이잖아? 그래서 영국, 오스트리아, 프로이센, 네덜란드가 동맹을 맺고 프랑스에 전쟁을 선포했지.

주변 나라들이 쳐들어왔지만 프랑스에는 제대로 된 군대도 없었어. 농민들이 농기구를 들고 나라를 위해 싸우겠다며 나섰지만 그들을 지휘할 장교들이 없었지. 장교였던 귀족들은 혁명 때 모두 죽임을 당했거든. 나라 자체가 사라질 위기를 맞은 거야. 이때, 사령관 나폴레옹이 프랑스를 침략한 주변 나라들을 물리치기 시작했어. 그는 이탈리아, 오스트리아 등을 공격하여 승리를 거두었고 이탈리아 북부와 벨기에를 프랑스 땅으로 만들었지. 나폴레옹은 무능하고 부패한 프랑스 정부를 무너뜨리고 스스로 프랑스의 지도자가 되었어. 나중에는 100퍼센트에 가까운 국민의 지지를 받아 프랑스 역사상 최초의 황제, 나폴레옹 1세가 되었단다.

죄인이 되어 버린 황제
나폴레옹의 러시아 원정 ②

1812년, 나폴레옹은 수십만 명의 장병을 이끌고 러시아 원정을 떠났어. 왜 러시아로 갔을까? 나폴레옹은 영국을 굴복시키기 위해 대륙 봉쇄령을 내린 적이 있는데, 그때 러시아가 영국과 비밀리에 교역을 했대. 그래서 러시아를 혼내 주러 나선 거야.

나폴레옹 군대가 처음 러시아 땅을 밟은 때는 6월이었어. 그런데 러시아군은 나폴레옹 군대와의 정면 대결을 피하고 후퇴하는 작전을 썼지. 나폴레옹은 그 뒤를 쫓아 모스크바까지 갔어. 그런데 원인을 알 수

없는 큰불이 나서 모스크바가 완전히 잿더미가 되어 버렸지. 간신히 화재를 수습한 나폴레옹은 크레믈(크렘린) 궁전에 들어가 러시아 황제가 항복하기를 기다렸어. 하지만 모스크바가 함락되고 나폴레옹이 평화 협정까지 내놓았는데도 러시아 황제로부터는 아무 소식이 없었지. 그때가 9월이었고 서서히 겨울이 다가오고 있었어. 강추위가 몰아치고 식량도 떨어졌지만 불에 타버린 모스크바에는 남아 있는 게 없었지. 나폴레옹은 할 수 없이 후퇴 명령을 내렸어. 그런데 돌아가는 길에 여러 차례 러시아의 습격에 시달리는 바람에, 나폴레옹 군대는 많은 병사를 잃은 채 간신히 프랑스에 도착했어.

나폴레옹이 러시아에게 패배했다는 소식이 전해지자, 그의 지배 아래에 있던 유럽 여러 나라가 한꺼번에 프랑스를 공격했어. 결국 나폴레옹은 황제의 자리에서 쫓겨나 지중해 엘바섬에 갇혔고 그곳에서 생을 마감해야 했지.

♦ 나폴레옹의 러시아 원정(1812년) : 프랑스와 러시아 사이의 전쟁

033 얼지 않는 항구를 찾아라
크림 전쟁 ①

러시아 제국은 오래 전부터 겨울에도 얼지 않는 항구, 즉 부동항不凍港을 찾기 위해 많은 노력을 했어. 세계로 뻗어 나가 강대국이 되려면 바다를 통해야 하는데, 러시아의 항구들은 대부분 겨울이면 꽁꽁 얼어붙었거든. 러시아는 동쪽으로는 시베리아를 넘어 한반도로, 서쪽으로는 유럽의 끝 발트해로, 남쪽으로는 흑해까지 나아가고 싶었어. 하지만 러

시아가 힘을 펼치는 것을 원치 않은 청나라와 영국이 동쪽과 서쪽을 막고 있었지.

1762년 러시아의 황제가 된 예카테리나 2세는 흑해를 차지하기 위해 전쟁을 일으켰어. 예카테리나 2세는 두 차례나 오스만 제국을 공격하여 흑해 주변의 땅과 크림반도를 점령했어. 또 이슬람 국가인 오스만 제국에 살고 있는 그리스정교 신도를 보호할 수 있는 권리와 흑해에서 지중해로 통하는 보스포루스 해협을 자유롭게 항해할 수 있는 권리까지 얻어 냈지.

그후 1821년, 오스만 제국의 지배를 받던 그리스가 독립 전쟁을 일으켰어. 그러자 러시아는 오스만 제국에 사는 그리스정교 신도들을 보호해야 한다며 곧바로 전쟁에 참여했지. 사실은 흑해에서 러시아의 세력을 굳히기 위한 거였어. 영국과 프랑스도 그리스 독립을 지원하겠다고 나섰지. 러시아가 세력을 넓히는 것을 막기 위해서였어. 10년의 전쟁 끝에 오스만 제국은 그리스의 독립을 허락했어. 그런데 20년 후 러시아는 종교 문제를 들어 다시 오스만 제국을 침략했지. 영국은 오스만 제국을 돕기 위해 함대를 보스포루스 해협으로 보냈어. 프랑스도 오스만 제국의 편이 되었지. 이렇게 시작된 전쟁을 크림 전쟁이라고 해. 대부분의 전투가 크림반도 근처에서 일어났거든. 이 전쟁에서 러시아는 패배하고 흑해 쪽에서 부동항을 구하는 데 끝내 실패했어.

034 전쟁터에 등장한 천사
크림 전쟁 ②

크림 전쟁은 영국 · 프랑스 · 오스만 제국 연합군과 러시아군과의 전쟁이었어. 전쟁이 길어지면서 병사들은 배고픔과 추위에 떨었지. 다쳐도 치료도 제대로 못 받고 죽어 갔어. 거기에 전염병까지 겹쳐 수많은 병사가 전쟁터에서 고통받고 있었지. 전쟁터의 이런 비참한 모습은 러셀이라는 신문 기자에 의해 유럽으로 알려졌어. 그 기사를 본 영국의 간호사 플로렌스 나이팅게일은 사람들을 모으기 시작했지.

"우리가 전쟁터로 가서 다친 군인들을 돌봐 줍시다."

당시 런던 숙녀 병원 간호부장이던 나이팅게일은 38명의 간호사를 데리고 전쟁이 한창인 오스만 제국으로 갔어. 나이팅게일 일행은 전쟁터에 도착하자마자 야전 병원을 세워 밤잠도 자지 않고 다친 병사들을 돌보았지. 나이팅게일은 적군이든 아군이든 가리지 않고 온 힘을 다해 병사들을 치료하여 수많은 생명을 구했어. 사람들은 그녀를 '흰옷 입은 천사', '백의의 천사'라고 불렀지. 이후 나이팅게일은 전 세계 간호사들의 모범이 되었어.

> 야전 병원은 전투가 벌어지는 전선 가까이 세워진 임시 병원으로, 크림 전쟁 때 처음 만들어졌다고 해.

♦ 크림 전쟁(1853년~1856년) : 오스만 제국·영국·프랑스 연합군과 러시아 사이의 전쟁

035 통일에 필요한 두 가지
프로이센-프랑스 전쟁 ①

프로이센은 독일 연방의 한 나라였어. 그때까지만 해도 독일은 여러 개의 작은 왕국으로 나뉘어 있었거든. 19세기 들어서 프로이센은 강대국으로 떠오르기 시작했어. 그때 비스마르크라는 총리는 여러 나라를 통일하여 하나의 독일을 만들고자 꿈꿨지. 그는 의회에 나가서 프로이센이 나아갈 길에 대해 이야기했어.

"독일의 통일은 연설이나 다수결로 되는 게 아닙니다. 오직 철과 피로써 할 수 있습니다."

'철'은 무기와 군대의 힘을 가리키고, '피(혈)'는 병사들의 희생을 뜻하는 것이었어. 그래서 프로이센 국민은 그를 '철혈 재상'이라고 불렀지.

독일의 통일을
철과 피로 이뤄 낸다!

비스마르크는 빌헬름 1세 왕을 설득하여 군대를 키우기 시작했어. 1864
년, 비스마르크는 오스트리아와 동맹을 맺고 덴마크를 공격했지. 덴마
크와의 전쟁에 승리한 후 그는 바로 동맹을 깨고 오스트리아를 공격했
어. 놀란 오스트리아는 7주 만에 무너지고 말았지. 이때 비스마르크는
북부 독일의 22개 지역을 하나로 합쳐 '북부 독일 연방'을 세웠어.

당시 프랑스 황제는 나폴레옹 3세였는데 그는 야심이 큰 사람이었지.
비스마르크는 그 점을 독일 통일에 이용하기로 했어. 왕위 계승 문제로
프랑스 황제를 화나게 하자 프랑스는 1870년 7월 프로이센에 선전 포
고를 했지. 나폴레옹 3세의 참모들은 프랑스 육군이 프로이센을 격파할
수 있으며 전쟁의 승리를 통해 황제의 명예를 높일 수 있을 것이라 했

어. 나폴레옹 3세는 그 말을 믿고 전쟁을 일으켰지. 프로이센-프랑스 전쟁이 시작된 거야.

그런데 프로이센군은 4주 만에 프랑스군을 포위하고 그들의 항복을 받아냈지. 프랑스를 도와줄 것이라 믿었던 남독일 국가들이 프로이센 편에 섰어. 전쟁에 패배한 나폴레옹 3세는 프로이센에 치욕적인 항복을 해야 했지.

036 베르사유 궁전에 독일 황제가?
프로이센-프랑스 전쟁 ②

전쟁에서 이긴 프로이센은 프랑스로부터 엄청나게 많은 전쟁 배상금을 받았어. 또 평소에 노리던 알자스로렌 지방을 빼앗을 수 있었지. 이 전쟁의 승리로 프로이센이 얻은 가장 큰 선물은 독일을 통일했다는 거야. 독일 안에 있던 작은 왕국들은 프로이센-프랑스 전쟁으로 프로이센이 얼마나 강한 나라인지 알게 되었어. 같은 민족이고 언어도 같았던 독일의 왕국들은 프로이센과 합치길 원했지.

결국 프로이센은 별다른 갈등 없이 독일을 통일할 수 있었어. 여러 왕국을 거느린 큰 나라를 제국이라 하고 제국을 다스리는 사람은 황제이지. 독일은 제국이 되었고 프로이센의 왕이었던 빌헬름 1세는 황제가 되

있어. 그런데 하필이면 황제 대관식을 프랑스의 베르사유 궁전에서 한 거야. 전쟁에 진 프랑스는 정말 화가 났겠지. 전쟁에 진 것도 억울한데 자기네 수도, 그것도 왕궁에 와서 적의 황제가 대관식을 했으니 말이야. 그래도 프랑스는 어쩔 수 없었어. 그게 전쟁에 진 나라가 겪어야 하는 슬프고 부끄러운 일이란다.

진짜 땅 주인은 누구일까?
프로이센-프랑스 전쟁 ③

독일한테 점령당해
모국어를 쓸 수 없게 되다니
너무나 슬픈 일이야.

우린 원래
독일 사투리를 썼는데….

알퐁스 도데

알자스로렌 주민들

프랑스 작가 알퐁스 도데가 쓴 《마지막 수업》은 우리에게 잘 알려져 있는 소설이야. 독일과의 전쟁에 패배하여 독일 땅이 된 알자스로렌 지방에서 일어난 일을 담고 있지. 그 지방에서는 더 이상 프랑스어를 쓸 수 없어서 마지막 프랑스어 수업을 하는 안타까운 심정을 잘 나타냈어. 책의 마지막 부분에서 프랑스어 수업을 마친 선생님이 칠판에 커다랗게 "프랑스 만세!"라고 썼다는 부분은 참 감동적이지.

이 소설에서 프랑스가 졌다는 그 전쟁이 프로이센-프랑스 전쟁이야. 패배한 프랑스는 그 대가로 알자스로렌 지방을 독일에 넘겨줘야 했지. 알퐁스 도데는 짓밟힌 프랑스의 자존심을 치유하고 프랑스 사람들의 애국심을 불러일으키기 위해 이 소설을 썼다고 해.

소설의 배경인 알자스로렌 지방은 프랑스와 독일의 국경 근처에 자리 잡고 있었지. 석탄과 철이 풍부하게 매장되어서 두 나라는 기회만 있으면 이 땅을 서로 차지하려고 했어. 그런데 알자스로렌은 원래 독일의 영토였으며 그곳에는 게르만계 사람들이 살고 있었단다. 17세기에 벌어진 30년 전쟁 때문에 독일은 이 지역을 프랑스에 빼앗겼던 거야. 알자스로렌 주민 대부분은 독일 사투리를 쓰는 독일인이었어. 프로이센-프랑스 전쟁으로 이 땅이 원래 주인에게 돌아간 것이라 볼 수도 있지.

♦ 프로이센-프랑스 전쟁(1870년~1871년) : 프로이센과 프랑스 사이의 전쟁

038 모두의 미움을 받은 이유
발칸 전쟁

지금 발칸반도에는 그리스, 알바니아, 불가리아, 루마니아 등 여러 나라가 있어. 민족도 다양한 데다 유럽에서 아시아로 통하는 길목이기 때문에 발칸반도에서는 오래 전부터 자주 전쟁이 일어났지. 그래서 발칸

네가 너무 많이 가져간 거 아냐?

세르비아   그리스   루마니아

아니거든! 남의 떡이
커 보이는 거겠지.

불가리아

반도를 '유럽의 화약고'라고 부르기도 했어.

발칸 전쟁은 두 차례에 걸쳐 일어났어. 제1차 발칸 전쟁은 그리스, 몬
테네그로, 불가리아, 세르비아가 맺은 발칸 동맹이 오스만 제국에 맞선
전쟁이야. 그때 오스만 제국은 이탈리아와의 전쟁에 진 데다 나라 안의
정치적 문제로 혼란에 빠져 있었어. 그래서 힘이 약해진 때를 노린 발
칸 동맹이 전쟁을 일으킨 거지. 이 전쟁에서 오스만 제국은 발칸 동맹
에 패배했어.

제2차 발칸 전쟁은 1차 전쟁으로 얻은 땅을 나눠 갖는 문제 때문에 일
어났어. 불가리아가 넓은 영토를 차지한 데 세르비아가 불만을 품은 거
야. 그래서 세르비아는 그리스, 루마니아와 동맹을 맺고 불가리아에 맞

섰어. 불가리아는 이미 차지한 땅을 빼앗기지 않으려고 세르비아, 그리스에 선전 포고를 했지. 곧이어 루마니아, 오스만 제국, 몬테네그로도 불가리아에 선전 포고를 했어. 발칸반도에 있는 거의 모든 나라가 불가리아의 적이 된 거야.

결국 전쟁에 진 불가리아는 제1차 발칸 전쟁에서 얻은 땅을 도로 내놓아야 했어. 불가리아는 이때부터 세르비아를 크게 미워하게 되었지. 이런 감정의 문제가 제1차 세계대전으로 이어졌어. 불가리아는 제1차 세계대전에서 세르비아의 적국인 독일과 오스트리아 편이 되었거든.

♦ 발칸 전쟁(1912년~1913년) : 그리스, 오스만 제국 등 발칸반도 근처에 있는 여러 나라 사이에 일어난 전쟁

039 어제의 형제가 오늘의 적?
적백 내전 ①

러시아의 적백 내전은 러시아 제국의 부활을 꿈꾸는 백군과 공산주의 적군 사이의 전쟁이었지. 그 무렵 러시아에는 공산주의가 차츰 자리를 잡고 있었어. 모든 산업을 나라의 소유로 만들었고 국민은 강제 노동을 해야 했지. 사람들끼리 거래하는 시장도 없어지고, 국민은 정부가 배급하는 식량과 생필품으로 살아야 했어.

1918년부터는 토지도 나라의 소유가 되었지. 이런 상황에 대한 불만 세력들, 즉 귀족 장교와 카자크 기병대, 지식인과 부르주아 등이 모여 백군이 되었어. 백군은 적군보다 군인 수가 많은 데다 장교도 많아 처음에는 적군을 이기는 경우가 많았지. 또 여러 전투에서 승리한 백군에게 프랑스, 이탈리아 등 연합군이 군사와 무기를 지원했어. 하지만 1920년에 연합군이 군대를 철수시키자 백군은 힘을 잃을 수밖에 없었다고 해.

국민 중 상류층은 백군 편이었지만, 수많은 노동자와 농민이 적군을 지지했지. 특히 공산혁명 이후 지주들로부터 땅을 빼앗아 가질 수 있다고 생각했던 농민들은 적군 편에 서서 싸웠어. 적백 내전은 1923년 소련이 세워지면서 적군의 승리로 끝이 났지. 하지만 백군의 저항은 중앙아시아에서 10년 넘게 계속되었어. 이 전쟁으로 1000만 명 이상이 죽거나 다쳤는데, 그 희생자는 거의 민간인이었다고 해. 백군과 적군의 싸움은 이웃끼리, 형제끼리 싸운 참혹한 전쟁이었던 거지.

040 백군의 영웅, 콜차크 장군
적백 내전 ②

적백 내전에서 가장 눈에 띄게 활약한 사람은 알렉산드르 콜차크 장군이라고 할 수 있어. 해군 장군이었던 그는 제1차 세계대전 때 큰 공을 세우며 러시아의 영웅이 되었지. 하지만 러시아 혁명 후 그는 공산주의자들에 의해 장군 자리에서 쫓겨났고 나라 밖으로 추방당했어. 하지만 1918년, 그는 러시아로 돌아와 병력을 모으고 백군의 사령관이 되었어. 투철한 애국심과 황제에 대한 충성심으로, 나라를 공산주의자로부터 구하기 위해 러시아로 돌아온 거지.

　콜차크의 백군은 모스크바가 있는 서쪽으로 진격하여 한때 볼가강 근처까지 다가가기도 했어. 볼가강은 모스크바 가까이에 있는 도시들을 지나는 강이야. 콜차크는 '러시아의 최고 통치자'라는 칭호를 받았고 다른 백군 지도자들로부터도 인정을 받았지.

　그러나 협력하기로 했던 체코 군단이 배신하는 등 콜차크 부대는 여러 가지로 커다란 타격을 입었어. 결국 그는 사령부가 있던 옴스크를 적군에게 내줄 수밖에 없었지. 그리고 몹시 추운 겨울에 기차를 타고 시베리아의 더 깊은 곳으로 후퇴하게 되었어. 이후 그는 적군에게 붙잡혀 죽음을 맞이했단다.

◆ 적백 내전(1917년~1922년) : 러시아의 백군과 적군 사이의 전쟁

피카소의 그림에 담긴 비극
에스파냐 내전

제1차 세계대전이 끝난 후 얼마 지나지 않아 유럽에서는 다시 전쟁이 일어났어. 바로 에스파냐 내전이지. '내전'이라고는 부르지만 이 전쟁에는 독일, 이탈리아, 소련과 전 세계의 의용군(위급한 상황을 돕기 위해 민간인으로 이루어진 군대)이 참전했단다.

1936년 에스파냐에는 사회주의를 따르는 좌파 정부가 들어섰어. 그런데 이전에 권력을 잡고 있던 군인들, 가톨릭교회, 지주, 자본가들은 자신들이 가지고 있던 것을 내놓지 않았지. 이때 프란시스코 프랑코 장군을 중심으로 한 국민파(프랑코파)와 좌파 정부를 지키려던 공화파 사이에 전쟁이 시작된 거야.

독일과 이탈리아는 프랑코를 돕기 위해 많은 군사를 보냈어. 소련은 공화파를 지원했고 전 세계 좌파 지식인 등이 의용군으로 공화파 편에서 싸웠어. 3년 동안 계속된 이 전쟁으로 에스파냐는 엉망진창이 되었지. 그중 작은 도시 게르니카는 특히 큰 피해를 입었어. 프랑코 편이던 독일 공군이 게르니카에 엄청난 폭탄을 퍼부은 거야. 이 폭격으로 1600여 명의 민간인이 죽었다고 해. 결국 에스파냐 내전은 국민파의 승리로 끝났어.

이 전쟁 중에 50만 명이 넘는 사람이 목숨을 잃었고, 전쟁이 끝난 후에도 반대 세력에 대한 대대적인 보복으로 수많은 사람이 희생되었지. 에스파냐의 유명한 화가 피카소는 게르니카 폭격 이야기를 듣고 그 참혹한 광경을 그림으로 그렸어. 피카소는 프랑코가 권력을 잡고 있는 동안에는 자신의 작품 〈게르니카〉가 에스파냐에 들어가는 것을 거부했지. 그래서 〈게르니카〉는 프랑코가 죽고 그의 정권이 끝난 후에야 에스파냐에 전시되었다고 해.

♦ 에스파냐 내전(1936년~1939년) : 에스파냐의 공화파와 국민파, 그들을 돕는 주변 나라 사이의 전쟁

싸움이 끝나지 않는 땅
제3차 중동 전쟁

유대인의 나라였던 고대 이스라엘 왕국은 지금으로부터 약 2000년 전에 멸망했어. 그 후 유대인들은 전 세계에 흩어져 살았지. 그들은 유대인 민족으로 이루어진 국가를 꿈꾸었고, 1948년에 그 꿈을 이루게 되었어. 그런데 유대 민족 국가 이스라엘이 세워진 곳은 아랍 민족이 살고 있던 팔레스타인 지역이었지. 이스라엘의 수도 예루살렘은 유대교, 크

리스트교, 이슬람교 이 세 종교의 성지이기도 해. 이스라엘은 건국 직후부터 이집트, 요르단, 이라크, 시리아, 레바논 등 주변 아랍 국가들과 계속 전쟁을 치렀어.

1948년에 제1차, 1956년에 제2차 중동 전쟁이 일어났지. 이스라엘은 이후에도 아랍 국가들과 싸우기 위해 꾸준히 전쟁 준비를 해 왔어. 제3차 중동 전쟁은 1967년에 벌어졌지. 이집트가 이스라엘로 가는 배의 통행을 막은 것이 문제가 되었어. 이때 시리아는 이스라엘 마을 여러 곳에 대포를 쏘았고, 이스라엘 공군은 이에 대한 보복으로 시리아 전투기 여섯 대를 격추했지. 그러자 이집트도 본격적으로 전쟁에 나선 거야. 그런데 이 전쟁은 엿새 만에 이스라엘의 승리로 끝났어. 그래서 이스라엘은 이 전쟁을 '6일 전쟁'이라고 불러. 제3차 중동 전쟁 이후로도 여러 차례 전쟁이 일어나 수천 명이 희생되었어. 또 많은 사람의 노력으로 평화를 위한 협상도 여러 번 열렸지만 아직도 확실하게 해결된 것은 없지. 이스라엘을 둘러싼 중동 지역은 지금도 전쟁의 위험에 시달리고 있는 거야.

♦ 제3차 중동 전쟁(1967년) : 이스라엘을 상대로 이집트, 요르단, 시리아, 레바논이 연합하여 벌인 전쟁

곰을 잡은 덫
소련-아프가니스탄 전쟁

아프가니스탄은 이란과 파키스탄 그리고 옛 소련이었던 타지키스탄, 투르크메니스탄, 우즈베키스탄과 국경을 맞대고 있어. 다양한 문화가 만나는 곳에 자리 잡고 있기 때문에 아주 오래전부터 전쟁이 끊이지 않았지. 소련이 해체되기 전, 아프가니스탄은 옆 나라 소련의 영향을 많이 받았어. 몇 차례 정권이 바뀌다가 1978년에는 공산주의 정권이 세워졌

지. 그런데 공산주의자들은 종교를 인정하지 않잖아? 그래서 이슬람교를 믿는 사람들, 즉 무슬림은 종교의 자유를 찾기 위한 '성스러운 전쟁'을 선포했어. 이 성스러운 전쟁을 '지하드'라고 해. 지하드에서 싸우는 전사를 '무자헤딘'이라고 하지.

무자헤딘의 강력한 저항에 밀린 공산주의 정권은 소련의 지원을 요청했어. 소련은 이슬람 저항 세력을 진압하기 위해 군사를 보냈고, 이로써 소련-아프가니스탄 전쟁이 시작된 거야. 소련은 아프가니스탄을 침공하여 아예 새로운 꼭두각시 정부를 세웠어. 그런데 미국을 중심으로 한 자유 진영에서 이를 비판하며 여러 가지 제재와 보복 조치를 했지. 1980년에는 모스크바에서 올림픽이 열렸는데, 미국과 우리나라를 비롯한 자유 진영 국가 대부분이 참여하지 않았단다.

소련은 안으로는 무자헤딘의 거센 저항에, 밖으로는 자유 진영의 보복 조치와 국제적 비판에 시달렸어. 결국 소련군은 전쟁이 시작된 지 10년 만에 별 소득 없이 아프가니스탄에서 물러났단다. 강대국이던 소련이, 자신들이 먼저 시작한 전쟁에서 패배한 거야. 그래서 이 전쟁에는 '곰을 잡은 덫'이라는 별명이 붙게 되었지.

◆ 소련-아프가니스탄 전쟁(1979년~1989년) : '무자헤딘'이라 불리는 아프가니스탄 반군이 소련의 꼭두각시 정권인 아프가니스탄 민주공화국과 소련 연합군에 맞서 싸운 전쟁

제2장

동아시아의
판도를 바꾼
전쟁

마지막까지 지켜 낸 의리
주나라–은나라 전쟁

은나라는 중국 최초의 나라야. 중국 사람들은 은나라 이전에도 나라들이 있었다고 주장하지만 그 나라들은 거의 전설 속 나라나 마찬가지지. 500여 년간 계속되던 은나라는 주나라와의 전쟁에 패해 멸망했어.

은나라의 마지막 왕 주왕은 잔인하고 포악한 사람이었다고 해. 주왕은 달기라는 미인과 노느라 나랏일을 돌보지 않았어. 날마다 잔치를 벌이고 백성들에게 세금을 많이 거두었지. 그때 백성들의 고통을 더 이상 두고 볼 수 없었던 희발이라는 사람이 은나라를 공격하여 주왕을 몰아냈어. 그 희발이 바로 은나라를 이은 주나라의 무왕이야. 그런데 희발이 은나라를 공격하러 갈 때, 백이와 숙제라는 형제가 나타나 그의 앞을 가로막으며 이렇게 말했대.

"나리는 은나라의 신하입니다. 신하가 임금을 죽이려 하는 것은 옳지 않습니다."

희발은 크게 화를 내며 이들을 죽이려 했어. 하지만 주변 사람들이 말려서 형제는 간신히 목숨을 구했지. 전쟁이 끝난 후 이들은 주나라에서 주는 돈을 받을 수 없다며 수양산으로 들어가 고사리를 캐 먹으며 살았어. 나중에는 주나라 산에서 나는 고사리를 먹는 것도 싫다며 고사리도 먹지 않았고 결국 굶어 죽고 말았지.

♦ 주나라-은나라 전쟁(기원전 11세기 경) : 중국 은나라와 주나라 사이의 전쟁

045 웃지 않는 미인이 부른 비극
전국 시대의 전쟁 ①

중국 주나라의 역사는 서주 시대와 동주 시대로 나뉘어. 서쪽의 시안이 수도였던 때를 서주 시대라 하고, 수도를 동쪽의 뤄양으로 옮긴 후

부터는 동주 시대라 하는 거지. 그런데 단순히 수도를 옮긴 것이 아니라, 서주가 멸망하고 살아남은 사람들이 뤄양에 다시 나라를 세운 것이나 다름없어.

서주의 마지막 왕 유왕은 포나라를 점령하고 '포사'라는 예쁜 여인을 얻었지. 그 여자는 용이 흘린 침에서 태어났다고 알려질 정도로 아름다웠다고 해. 유왕은 포사에게 홀려 버렸어. 그런데 그 아름다운 포사는 절대 웃지 않는 거야. 유왕은 그녀를 웃게 하려고 별의별 방법을 다 써 봤어. 매일 엄청나게 많은 비단을 찢으며 그녀를 재미있게 해 주어도 소용이 없었지. 심지어 원래의 왕비와 태자를 내쫓고 포사의 아들을 태자로 삼았어. 그래도 그녀는 웃지 않았단다.

그러던 어느 날, 실수로 봉수대에 봉화가 올랐어. 봉화는 적이 쳐들어왔을 때 도움을 구하는 신호잖아. 봉화를 본 신하 나라 제후들은 주나라를 돕기 위해 서둘러 군사를 이끌고 모여들었어. 하지만 적이 쳐들어온 것이 아니라는 사실을 알고 제후들은 무척 화를 냈지. 그런데 그 모습을 본 포사가 살그머니 웃는 거야. 유왕은 포사가 웃는 걸 보려고 계속 봉화를 올렸어. 그때마다 군대를 이끌고 수도로 달려온 제후들은 항상 허탕을 치고 돌아갔지.

그러다가 진짜 난리가 일어났어. 쫓겨난 왕비의 집안에서 견융족과 손잡고 반란을 일으킨 거야. 유왕은 부리나케 봉화를 올렸지. 하지만 이번에도 장난이라고 생각한 제후들은 아무도 유왕을 도우러 오지 않았어. 유왕은 견융족에게 잡혀 죽었고 이로써 서주 시대는 끝나고 말았지.

046 세상에서 가장 사이 나쁜 이웃
전국 시대의 전쟁 ②

중국 전국 시대에는 여러 나라가 끊임없이 전쟁을 했어. 그중에서도 특히 오나라와 월나라가 엎치락뒤치락 계속 싸웠지. 두 나라는 이웃해 있었지만 서로 원수처럼 지냈어. 이와 관련하여 '와신상담'이라는 고사성어가 있단다. '와신'은 땔나무 위에 눕는다는 뜻이고 '상담'은 쓰디쓴 쓸

개를 혀로 핥는다는 말이지. 이 말이 생기게 된 배경을 이야기해 줄게.

오나라 왕 합려는 월나라 왕 구천에게 크게 패하고 죽임을 당했어. 합려의 아들 부차는 아버지의 죽음에 원한을 품고 복수를 준비했지. 그런데 시간이 지나면 복수심이 사라질까 봐 힘을 기를 때까지 날마다 가시가 많은 땔나무 위에 누워 잠을 잤대. 그리고 자기 방에 들어오는 사람들에게 "부차야! 너는 월왕 구천이 아비를 죽인 것을 잊었느냐?"라고 외치게 했지. 그 말을 들은 부차도 "아니오! 절대 잊지 않았습니다!"라고 대답하며 복수를 다짐했어. 몇 년 후 힘을 기른 부차는 월나라에 쳐들어가 구천의 항복을 받아 냈지. 그런 다음에야 땔나무 위에서 자는 걸 그만두었대.

오나라에 항복한 구천도 원한에 사무쳤겠지? 구천은 그 치욕을 잊지 않기 위해 방 천장에 쓸개를 매달아 놓고 날마다 그걸 핥았어. 쓰디쓴 맛을 느끼며 스스로에게 "회계산의 치욕을 잊었느냐!"라고 외쳤지. 결국 구천은 오나라를 점령하여 부차에게 복수를 했어.

99퍼센트가 모르는 역사 상식

두 나라와 관련하여 '오월동주'라는 고사성어도 있어. 오나라 사람과 월나라 사람이 같은 배에 탔다는 말인데, 속뜻은 두 가지야. 서로 미워하는 사람들이 피할 수 없는 곳에서 마주쳤다는 뜻과 다른 방법이 없는 어려운 상황에 놓이면 원수라도 협력하게 된다는 뜻이 있지.

◆ 전국 시대의 전쟁(기원전 403년~기원전 221년) : 중국의 여러 왕조 사이에 계속된 전쟁

047 중국 최초의 황제
진시황제의 통일 전쟁 ①

기원전 8세기부터 3세기까지 중국에는 수많은 나라가 세워졌고 서로 싸우다 멸망했어. 이때를 춘추 전국 시대라고 하지. 전국 시대에 가장 강한 나라를 전국 7웅(진나라, 초나라, 연나라, 제나라, 한나라, 위나라, 조나

라)이라 하는데 그중에서도 진나라의 힘이 점점 커졌어. 다른 여섯 나
라는 힘을 합해 진나라에 대항하려 했지만 서로 원하는 바가 달라서 동
맹이 깨지고 말았지. 그러다가 진나라 왕이던 정이 기원전 221년에 최
초로 중국을 통일하였어. 정은 '황제'라는 존칭을 사용하겠다고 했는데,
이는 '삼황오제의 공과 덕을 갖춘 왕 중의 왕'이라는 뜻이야. 삼황오제
는 중국 전설에 나오는 훌륭한 임금들이란다. 그리고 자신이 죽은 후 신
하들이 다른 이름을 붙이지 못하도록 스스로 '시황제'라 불렀어. 그래서
우리는 그를 진나라의 시황제라는 뜻의 '진시황제'라고 부르는 거지. 진
시황제는 나라의 힘을 키우기 위해 아주 엄한 법으로 백성을 다스렸대.

영원히 살고 싶었던 사람
진시황제의 통일 전쟁 ②

세상 모든 힘을 다 가진 것 같은 진시황제에게도 딱 한 가지 두려운 일이 있었어. 바로 늙어 죽는 것이었지. 진시황제는 서불이라는 신하에게 동쪽으로 가서 늙지 않고 오래도록 살 수 있는 약을 구해 오라고 했어. 하지만 그런 약이 있을 리 없지. 소년 소녀 3000명을 데리고 동쪽으로 간 서불은 돌아오지 않았어. 빈손으로 돌아가면 진시황제에게 죽

임을 당할 테니 말이지.

진시황제는 다시 노생과 후생에게 약을 구해 오라고 했어. 하지만 그들도 진시황제를 비난하며 숨어 버리고 말았지. 화가 머리끝까지 난 진시황제는 자신을 비난한 사람들을 잡아냈어. 그때 유학자 460명이 붙잡혀 산 채로 구덩이에 묻히고 말았어. 그전에 농사에 관계된 책을 빼고는 모든 책을 불태워 버린 일로 진시황제에게 불만을 가진 유학자가 많았거든.

진나라가 통일을 이룬지 10년이 조금 지나 진시황제는 병으로 세상을 떠났어. 그로부터 4년 뒤, 중국 최초의 제국인 진나라도 망하고 말았지. 진시황제는 통일 전쟁에서 승리하였지만 그 통일 제국은 오래 버티지 못한 거야.

✎ 99퍼센트가 모르는 역사 상식

진시황제는 후대에 자신의 무덤이 파헤쳐지는 것을 막기 위해, 무덤을 공사했던 사람들을 모두 죽여 버렸대.

◆ 진시황제의 통일 전쟁(기원전 230년~기원전 221년) : 중국 진나라와 주변 나라 사이의 전쟁

용맹한 항우와 지혜로운 유방!

그들의 대결은 '장기'로 이어졌다.

강력한 힘을 가진 진시황제가 죽자 진나라는 혼란에 빠졌어. 진시황 제는 죽기 전 아들 부소를 후계자로 정해 놓았지. 하지만 조고라는 내시가 부소를 죽이고 나이 어린 호해를 황제로 삼았어. 그러고는 조고를 포함한 몇몇 간신이 멋대로 나랏일을 휘둘렀지. 진나라는 금세 엉망진창이 되었고, 백성들의 삶은 더욱 어려워졌어. 그래서 곳곳에서 반란이 일어나 진나라는 결국 망하고 말았지.

진나라가 기울어 가자 전국 7웅 중 다른 여섯 나라 출신 귀족들이 다시 힘을 키우기 시작했어. 이중 대표적인 사람은 한나라의 유방과 초나라의 항우였지. 항우의 작은아버지 항량은 초나라 왕족을 '회왕'으로 받들고 군사를 모으고 있었어. 유방도 진나라와 싸우는 데 힘을 더하기 위해 항량의 무리에 들어갔지. 이렇게 항우와 유방은 원래 같은 편이었어.

얼마 후, 항량이 전쟁터에서 목숨을 잃자 회왕은 그 후계자 문제 때문에 고민에 빠졌어. 항량의 조카이고 용맹한 항우가 후계자가 되는 게 당연해 보였지만 회왕은 거친 항우보다는 부드럽고 지혜로운 유방에 마음이 더 끌렸어. 결정을 내리지 못한 회왕은 엉뚱한 제안을 했지.

"진나라의 수도 셴양을 먼저 정복하는 사람에게 진나라 땅을 주겠다."

항우와 유방은 그때부터 심각한 경쟁자가 되었어. 나중에는 항우의 초나라와 유방의 한나라가 끝까지 남아 중국 전체를 놓고 싸웠지. 그 전쟁이 얼마나 치열했는지 후세 사람들은 이 전쟁을 본떠 '장기'라는 게임을 만들었어. 그러니 두 나라의 전쟁은 아직도 끝나지 않고 계속되는 셈이지.

초나라 항우와 한나라 유방의 다툼을 본 사람들은 항우가 이길 것으로 생각했어. 항우는 몸집도 크고, 산을 뽑을 정도라 할 만큼 힘도 셌거든. 또 존경받는 초나라 귀족 집안에서 자라나 어릴 때부터 학문과 무예를 함께 익힐 수 있었지. 그에 비해 유방은 이름 없는 집안 출신에 거느리는 군사도 별로 많지 않았어. 심지어 그 군사들도 제대로 훈련받지 못한 사람들이었어. 하지만 유방은 사람을 아끼고 넓은 마음을 가지

고 있었지.

항우와 유방은 진나라의 마지막 세력을 물리치고 수도 셴양을 차지하기 위해 각자 싸우기 시작했어. 항우는 진나라 군사를 만나는 대로 다 무찌르며 한 걸음 한 걸음 힘들게 나아갔어. 그런데 유방은 가능한 한 전투를 하지 않았기 때문에 항우보다 먼저 셴양에 도착했지. 심지어 진나라 왕은 스스로 성문 앞에 나와 항복했어. 결국 유방은 싸우지 않고 셴양을 차지했고, 수많은 사람을 죽인 항우와 달리 진나라 사람들로부터 인심도 얻을 수 있었다고 해.

051 적을 제압한 의외의 무기
초나라-한나라 전쟁 ③

항우는 약속대로 동쪽으로 군대를 돌렸어. 하지만 유방은 약속을 어기고 항우의 등 뒤를 공격했지. 항우의 초나라 군대와 유방의 한나라 군대는 가이샤에서 다시 맞서게 되었어. 이때 항우의 군사는 10만 명이었고, 한나라 군사는 60만 대군이었다고 해. 수가 많은 한나라 군대는 초나라 군대를 겹겹이 에워쌌어. 완전히 포위된 초나라 군대는 당황한 데다 군사들이 먹을 식량마저 떨어졌지. 아무리 용감해도 먹지 않고 전투를 할 수는 없잖아. 초나라 군사들은 두려움과 배고픔에 떨면서 며칠을

보냈어. 그런데 어느 날 밤, 사방에서 초나라의 노랫소리가 들려왔지. 그 노랫소리를 들은 항우는 깜짝 놀랐어. 이미 초나라 군사들이 항복한 줄 알고 절망에 빠지고 말았지.

"한나라가 이미 초나라를 빼앗았단 말인가? 어떻게 한나라 군대에 초나라 사람이 이렇게 많을 수 있는가?"

사실 이 초나라 노래를 부르는 사람은 한나라 군인들이었어. 유방이 초나라 군사들의 사기를 떨어뜨리려고 일부러 노래를 부르게 한 거야. 초나라 군사들은 사랑하는 가족들을 두고 고향을 떠나온 지 오래되었을 테니, 얼마나 가족이 보고 싶고 고향이 그리웠겠어? 더구나 배는 고프고, 전쟁이 끝나고 살아서 돌아갈 희망은 보이지 않았지. 그런데 사방에서 고향의 노래까지 들려오니 더 이상 싸울 마음이 사라져 버린 거야.

이 싸움에서 크게 패한 항우는 부하들도 거의 다 잃고 쫓기다가 강가에 닿았지. 살아남은 부하들은 작은 배를 대 놓고 항우에게 빨리 강을 건너라 했어. 그런데 항우는 부하들과 함께 그곳에서 끝까지 싸우다 스스로 목숨을 끊었단다. 이로써 초한전은 끝나고 유방은 한나라의 황제가 되었어.

♦ 초나라–한나라 전쟁(기원전 206년~기원전 201년) : 중국 한나라와 초나라 사이의 전쟁

052 13년만에 돌아온 사신
한무제의 흉노 정벌 전쟁

가을을 흔히 '하늘은 높고 말이 살찌는 계절'이라고 해. 그런데 중국 한나라 사람들에게는 이 말이 무척 무서운 얘기였지. 가을이 되면 북쪽에 사는 유목민 흉노가 그 살찐 말을 타고 한나라로 쳐들어와 농사지은 것을 빼앗아 갔기 때문이야. 오랑캐라는 말은 이 흉노로부터 시작되었어. 흉노는 힘이 셌기 때문에 한나라는 어쩔 수 없이 흉노에게 당해야 했지.

그런데 무제라는 황제는 더 이상 흉노에게 조공을 바치는 굴욕적인 외교를 하지 않기로 했어. 한나라가 먼저 흉노를 공격하고 무찌르기로 했지. 한나라의 물건들을 서쪽 나라에 팔아야 하는데 흉노 때문에 상인들

이 다니기 어려웠거든. 무제는 중앙아시아에 있는 대월지라는 나라가 흉노와의 전쟁에 져서 복수하려 한다는 얘기를 들었어. 대월지와 힘을 합해 흉노를 공격하기 위해 무제는 장건을 대월지에 사신으로 보냈지. 그런데 대월지에 가려고 흉노 땅을 지나던 장건은 흉노에 포로로 잡히고 말았어. 장건은 그곳에서 결혼하고 아이도 낳으며 10년 동안 살았지. 하지만 그는 무제의 명령을 잊지 않았어. 10년 만에 간신히 탈출한 장건은 대월지에 갔지. 그런데 대월지 왕은 한나라와 동맹을 맺으려 하지 않았어. 살기 좋은 곳에 정착한 대월지는 흉노에 복수할 마음이 사라진 거야.

　장건은 갈 때와는 다른 길로 한나라로 향했어. 오는 길에 다시 흉노에 붙잡혔지. 그런데 장건은 아내와 아이까지 데리고 다시 탈출하여 한

나라에 무사히 돌아왔어. 13년 만에 임무를 마치고 고향에 돌아온 장건은 그동안 꼼꼼히 적은 여행 기록을 무제에게 바쳤지. 비록 대월지와 동맹은 맺지 못했지만 장건 덕분에 한나라의 이름이 중앙아시아에 알려졌어. 또 그가 다녀온 길들은 서쪽 나라들과의 중요한 장삿길이 되었지.

✏️ 99퍼센트가 모르는 역사 상식

그 길을 통해 주로 비단이 팔렸다고 하여 '비단길'이라고 해.

◆ 한무제의 흉노 정벌 전쟁(기원전 110년 경) : 중국 한나라와 흉노족의 전쟁

053 도적떼가 된 백성들
삼국 전쟁 ①

중국 한나라는 크게 전한과 후한으로 나뉘어. 유방이 세운 전한은 무제 때 가장 번성하다가 흉노와의 전쟁 이후 점점 나라가 기울었지. 이때 전한의 신하였던 왕망이 황제의 자리를 빼앗고 새로운 나라를 세웠어. 하지만 유방의 후손이었던 유수가 왕망을 물리치고 한나라를 되찾았지. 이때부터 멸망까지의 한나라를 후한이라고 해.

후한은 세계 최초로 종이를 만드는 등 한때 문화적으로 번영을 이뤘

어. 그런데 후대로 가면서 황제가 일찍 죽고 어린 아들이 황제 자리에 오르는 일이 되풀이되었지. 황제가 어리니 친척이나 내시들이 황제를 멋대로 조종하려고 들었어. 그들은 나랏일도 엉망으로 하고 백성들의 재산을 멋대로 빼앗아 자신들의 배를 불렸단다. 결국 배고픔과 관리들의 횡포를 견디지 못한 백성들은 도적떼가 되거나 반란을 일으켰어.

그중 가장 큰 규모가 컸던 반란은 황건적의 난이야. 그들은 같은 편을 표시하기 위해 머리에 노란 띠를 두르고 다녔기 때문에 황건적黃巾賊이라는 이름이 붙었지. 반란이 일어났지만 한나라 조정은 그들을 무찌를 힘이 없었어. 그래서 지방에 있는 호족들에게 군사를 모아오라고 명령을 내렸지. 하지만 지방 호족들은 황건적을 물리치기보다는 자신들의 세력을 키우는 데 몰두했어. 황건적의 우두머리가 죽고 반란군은 토벌되었지만, 호족들은 싸움을 계속했어. 자신들이 권력을 잡기 위해서였지. 그러다 가장 마지막에 조조의 위나라, 손권의 오나라, 유비의 촉나라 삼국만 남았어. 그 사이 한나라는 이름만 남았다고 할 정도로 힘이 약해졌지.

054 뱃멀미만 없었어도…
삼국 전쟁 ②

 북쪽 땅을 거의 다 차지한 조조는 중국 전체를 통일하고 싶어 했어. 그러려면 남쪽의 형주와 강동을 손에 넣어야 했지. 형주를 다스리던 유표가 병으로 죽으면서 형주를 거저 얻은 조조는 유비를 잡으러 나섰어. 다급해진 유비는 오나라의 손권에게 구원을 요청했지. 조조가 남쪽으로 내려오는 것이 불안하기는 손권도 마찬가지였어. 유비의 참모 제갈량은 오나라로 가서 조조의 군대에 이길 수 있다며 손권을 설득했지. 멀리서 온 조조의 군대는 오랜 행군으로 지쳐 있고, 군사들이 육지뿐인 북쪽 사람들이기 때문에 강에서의 전투에는 서툴 것이라는 논리였어. 결국 손권은 유비와 연합하여 조조에 맞서기로 결정했어.

 손권·유비 연합군과 조조의 군대는 적벽강 부근에서 마주쳤지. 그런

데 정말 조조의 군사들은 많이 지쳤고, 습한 기후와 낯선 풍토 때문에 전염병에 걸려 있었어. 무엇보다 그들을 못 견디게 한 것은 심한 뱃멀미였지. 그래서 조조의 군대는 쇠고리와 사슬로 배를 모두 연결하고, 그 위에 넓은 나무판을 깔아서 병사들의 뱃멀미를 잠재운 상태였어.

그런데 오나라 군대의 총사령관 주유는 마른 풀과 나뭇가지를 실은 배에 불을 질러 조조 군대의 배 쪽으로 보냈어. 불길을 피하려면 흩어져야 했지만, 조조 군대의 배들은 모두 묶어 놓았기 때문에 그럴 수 없었어. 결국 군사들은 불에 타 죽거나 물속으로 뛰어들었다가 익사했지. 조조 군대는 거의 전멸했고 조조도 간신히 도망쳤어. 적벽 싸움에서 크게 패한 조조는 남쪽 지방에 대한 욕심을 버렸지.

 영토를 넓혀 주어서 고맙소!
삼국 전쟁 ③

흔히 조조의 위나라, 손권의 오나라, 유비의 촉나라, 이 세 나라의 힘
이 서로 비슷하다고 생각하지. 하지만 오나라의 국력은 촉나라의 두 배
이상 되었고, 그 두 나라를 합해도 위나라를 당할 수는 없었어. 위나라
는 당시 중국의 거의 절반을 차지했다고 해.

하지만 조조가 전국을 통일하지 못한 채 세상을 떠나고, 얼마 후 유비와 손권도 세상을 떠나면서 세 나라 모두 아들들이 황제가 되었어. 그런데 아들들은 셋 다 각자의 아버지만큼 뛰어난 인물이 못 되었지. 아들들이 나라를 다스리면서 세 나라 모두 정치 상황이 엉망이 되었어. 그래도 촉나라는 제갈량이 살아 있을 때까지는 크게 흔들리지 않았지. 하지만 제갈량이 전장에서 병으로 죽은 후, 촉나라는 위나라의 공격을 받아 망했어. 그런데 이때, 위나라의 신하 사마염이 황제를 내쫓고 스스로 황제가 되어 진나라를 새로 열었단다. 이 진나라는 진시황제의 진나라와는 전혀 다른 나라야. 오나라는 이 진나라에 의해 망했지. 결국 삼국 통일은 위나라도, 오나라도, 촉나라도 아닌 진나라가 이뤄 낸 거야. 하지만 이 세 나라가 서로 치열하게 싸우는 과정에서 중국의 영토가 지금처럼 넓어질 수 있었어.

✏️ 99퍼센트가 모르는 역사 상식

적을 공격하러 떠나는 신하가 왕에게 바치는 글을 출사표라고 하는데, 제갈량의 출사표는 문장이 뛰어나고 깊은 애국심과 충성심이 담겨 있기로 유명해.

◆ 삼국 전쟁(202년~280년) : 중국의 위나라, 오나라, 촉나라 사이의 전쟁

056 고원을 넘어 돌격하라!
고선지의 파미르 원정

포에니 전쟁 때 활약한 카르타고의 한니발과 프랑스의 나폴레옹이 세운 대단한 기록이 있어. 그것은 적을 공격하기 위해 군사를 이끌고 해발 2500미터가 넘는 알프스산맥을 넘었다는 거야. 그런데 그보다 훨씬 높은 해발 4600미터의 파미르고원을 넘은 장수가 있다는 사실을 알고 있니? 바로 당나라의 고선지 장군이지.

놀랍게도 고선지 장군의 아버지 고사계는 원래 우리 고구려 사람이었어. 당나라는 고구려를 무너뜨린 뒤, 고구려 사람들을 강제로 중국 각지에 옮겨 살도록 했지. 고구려를 다시 일으켜 세우려는 움직임을 막기 위해서야. 고사계도 이때부터 당나라의 서쪽에서 살게 되었어. 고구려 사람들은 당나라에서 노예처럼 살아야 했기 때문에 고선지 장군도 교육을 받지 못했어. 당시 고구려 사람이 노예의 삶을 벗어나는 길은 군인이 되는 것밖에 없었지.

당나라의 장수가 된 고선지 장군은 파미르고원을 세 번이나 넘어 서쪽 지방 원정에 나섰어. 그런데 한니발이나 나폴레옹은 갈 때만 알프스산맥을 넘고 돌아올 때는 배를 탔다고 해. 하지만 고선지 장군은 당나라로 다시 돌아올 때도 파미르고원을 넘어 왔어. 그러니 엄밀히 따지면 세 번이 아니라 여섯 번이나 넘은 셈이지. 고선지 장군은 1차, 2차 정벌에 성공하여 지금의 파키스탄, 아프가니스탄, 우즈베키스탄의 타슈켄트 등을 점령했어. 그런데 안타깝게도 3차 정벌의 탈라스 전투에서 중앙아시아 연합군에 패배했지. 이때 고선지 장군은 살아 돌아왔지만, 수많은 당나라 군사가 이슬람 나라인 사라센의 포로가 되었대.

🖋 99퍼센트가 모르는 역사 상식

사라센으로 끌려간 당나라 포로들은 종이 만드는 기술, 화약, 나침반, 인쇄술 등 첨단 기술과 문명을 서방에 전파했지. 그래서 서양 사람들은 고선지 장군을 '유럽 문명의 아버지'라고 부르기도 해.

◆ 고선지의 파미르 원정(747년~750년) : 중국 당나라와 티베트 등 서역 여러 나라 사이의 전쟁

배신과 비밀이 난무한 전쟁
송나라와 요나라·금나라의 전쟁

11세기 무렵 중국에는 송나라라는 한족의 나라가 있었어. 그런데 북쪽에는 거란족의 요나라와 여진족의 금나라가 힘을 떨치고 있었지. 북쪽의 두 나라에 비해 힘이 약했던 송나라는 늘 그들의 눈치를 봐야 했단다. 그런데 금나라가 요나라를 끊임없이 공격하여 요나라의 힘이 약해졌지. 그런 소식을 전해 들은 송나라는 금나라와 힘을 합하면 요나라에

게 빼앗긴 땅(연운 16주)를 되찾을 수 있을 것이라 기대했어. 송나라 황제는 금나라에 사신을 보냈는데, 이때 요나라를 피해 바닷길을 이용했대. 몇 차례 사신이 오고 간 후 송나라와 금나라는 '해상 동맹'이라는 조약을 맺었지. 그 내용은 다음과 같아.

첫째, 금나라는 충칭을, 송나라는 옌징을 향해 요나라를 공격한다.
둘째, 요나라를 멸망시킨 후 송나라와 금나라의 국경은 만리장성으로 정한다. 또 연운 16주는 송나라가 갖는다.
셋째, 송나라는 요나라에게 바치던 조공을 금나라에 바친다.

그런데 군대의 힘이 약한 송나라는 옌징에서 요나라를 몰아낼 수 없었어. 그래서 금나라에게 도움을 청했지. 손쉽게 옌징을 차지한 금나라는 해상 동맹의 약속을 하나도 지키지 않았어. 그러고는 전쟁 비용까지 요구했지. 송나라는 다시 요나라와 비밀 동맹을 맺고 금나라를 치려 했어. 이를 눈치챈 금나라는 10만 대군을 이끌고 송나라를 공격했지. 이 전쟁으로 결국 송나라는 멸망했단다.

◆ 송나라와 요나라·금나라의 전쟁(1127년~1233년) : 중국 송나라와 요나라 혹은 금나라 사이의 전쟁

058 무시무시한 무시의 대가
몽골의 정복 전쟁 ①

인류 역사상 가장 넓은 영토를 가졌던 나라는 테무친이 세운 몽골 제국이야. '칭기즈 칸'으로도 알려져 있는 테무친은 유목민인 몽골의 여러 부족을 하나로 묶어 나라를 만들었어. 전쟁을 통해 땅을 계속 넓혀 나가던 몽골은 호라즘 왕국의 국경까지 이르게 되었어. 호라즘 왕국은 지금의 우즈베키스탄과 투르크메니스탄 부근에 있던 나라야. 그 당시 아주 풍요롭게 사는 이슬람 국가였지.

124

칭기즈 칸은 호라즘 왕국과 무역을 하며 평화롭게 지내려고 했어. 중국의 금나라와 전쟁 중이었기 때문에 강력한 호라즘 왕국과 적이 되는 것은 위험했거든. 그래서 칭기즈 칸은 500명에 가까운 상인을 호라즘 왕국에 보냈어. 낙타 수백 마리에 값진 보물도 가득 실어 보냈지. 그런데 호라즘 관리들이 그 상인들을 모두 죽여 버렸어. 호라즘 국왕도 이 사실을 알고 있었지만 그냥 모른 체했지.

칭기즈 칸은 이를 따지고 사과받기 위해 사신들을 호라즘 왕국에 보냈어. 하지만 사신들은 조롱을 당하고 수염이 깎인 채 간신히 도망쳐 왔지. 호라즘 왕국은 몽골을 초원에서 풀이나 뜯는 야만인의 나라로 보고 무시한 거야. 더 이상 참을 수 없었던 칭기즈 칸은 직접 많은 군사를 이끌고 호라즘 왕국으로 쳐들어갔어. 결국 호라즘 왕국의 수도 사마르칸트는 칭기즈 칸에게 점령당했고, 몽골군에 쫓기던 호라즘 왕은 누더기만 입은 채 굶어 죽었다고 해.

 99퍼센트가 모르는 역사 상식

칭기즈 칸은 '우주의 왕'이라는 뜻을 가진 칭호야.

칭기즈 칸이 죽은 후에도 정복 사업은 그의 네 아들과 손자로, 대를 이어 계속되었어. 칭기즈 칸의 맏아들 주치와 그의 아들 바투는 호라즘 서쪽의 킵차크 초원에 남아 나라를 세우고 그 지역을 다스렸어. 그들이 차지한 영토는 모스크바 부근 일부 지역을 제외하고 유럽 러시아의 거의 전부에 이르렀지. 몽골군은 가는 곳마다 도시에 불을 지르고 사람들

을 마구 죽였어. 그들이 지나간 자리에는 폐허와 시체만이 남았다고 해.

몽골군은 용감하고 잘 훈련된 병사들, 빠르고 효율적인 작전으로 전투할 때마다 계속 승리를 거뒀어. 거기에 비해 작은 공국으로 나뉘어 있던 러시아는 적의 침략에 대한 대비는커녕 단결도 되지 않았지. 그래서 맥없이 몽골군에 당하곤 했어. 몽골군은 주로 겨울에 작전을 펼쳤는데, 겨울 전투에서 러시아군을 이긴 군대는 아마 몽골군밖에 없을 거야.

러시아는 240년 동안 몽골의 지배를 받았어. 그 역사를 러시아에서는 '타타르의 멍에' 혹은 '타타르의 속박'이라고 부르지. 원래 타타르는 몽골 동쪽에 살던 부족의 이름이야. 그런데 지옥을 뜻하는 그리스어의 '타르타로스'와 발음이 비슷하여 유럽 사람들은 몽골 침략군 전체를 타타르라고 부르게 되었어. 러시아와 유럽 사람들에게는 무섭고 잔인한 몽골 군대가 '지옥에서 솟아올라온 악마'처럼 보였을 거야.

060 싸우는 백성과 도망치는 군인
몽골의 정복 전쟁 ③

몽골 군대가 한반도에 처음 쳐들어온 것은 1231년, 고려 시대였지. 이후 고려는 28년 동안 일곱 차례나 몽골군의 공격을 받았어. 그때 고려

는 군인인 무신들이 다스리고 있었지. 그런데 무신들은 몽골군과 싸우는 데 나서지 않았어. 힘없는 문신들처럼 왕실과 함께 강화도로 피해버린 거야. 무신 정권은 몽골이 쳐들어올 때마다 쉽게 항복하거나, 몽골에 사정이 생겨 그냥 돌아가기를 바라면서 시간을 보냈어. 그동안 수많은 백성이 죽고 삶의 터전을 잃었지.

무신들은 강화도에서도 끊임없이 권력 다툼을 했어. 결국 무신 정권은 강화도로 쳐들어간 몽골군에 의해 비참하게 끝이 났지. 몽골이 세운 원나라는 고려의 백성들이 끝까지 항쟁한 그 정신을 높이 사서 왕조를 멸하지는 않았다고 해. 하지만 고려 왕실에서 하는 일이 마음에 들지 않으면 사신을 보내 따지고, 심지어는 고려 왕을 자기네 마음대로 갈아 치우기도 했어. 쫓아낸 왕을 멀리 티베트로 유배를 보내기도 했고, 왕이 유배 가는 도중에 목숨을 잃는 일까지 생겼지. 고려는 그렇게 100년에 가까운 시간 동안 거의 원나라의 속국으로 살아야 했단다.

061 태풍이 구한 일본의 운명
몽골의 정복 전쟁 ④

대륙은 물론 한반도까지 모두 자신들의 지배 아래 둔 원나라는 일본까지 차지하려 했지. 원나라는 일본의 항복을 받기 위해 여섯 차례에 걸쳐 사신을 보냈지만 일본은 항복하지 않았어. 결국 원나라는 전쟁으로 일본을 굴복시키기 위해 대규모 군대를 보냈지.

1차 원정 때 원나라와 고려 연합군은 900여 척의 전함을 동원해 한반도 바로 아래에 있는 쓰시마섬을 정복했어. 이어서 일본 본토를 공격하려 했지만 큰 태풍 때문에 많은 희생자를 내고 후퇴할 수밖에 없었지. 1차 원정에 실패했지만 원나라 세조(쿠빌라이)는 일본 원정을 포기하지 않았어. 1차 원정 후 남송을 정복한 원나라는 포로로 잡은 남송의 군인 10만 명을 더 데리고 2차 원정에 나섰어. 그런데 일본이 생각보다 강하게 저항한 데다, 또다시 거센 태풍이 불어닥쳤지. 이때 원나라 원정군 10만 명이 목숨을 잃었고 2차 원정도 실패로 끝났어. 이후에도 원나라 세조는 일본을 정복하기 위한 노력을 했단다. 1294년, 세조가 세상을 떠난 후에야 원나라는 일본 원정을 완전히 포기하게 되었어.

♦ 몽골의 정복 전쟁(13세기) : 몽골과 고려를 비롯한 주변 나라 사이의 전쟁

일본은 어떻게 통일되었을까?
일본 통일 전쟁

12세기부터 19세기까지 일본은 쇼군(장군)이 통치했어. 천황이라 불리는 군주가 있었지만 실질적인 권력은 쇼군이 가지고 있었지. 임진왜란이 일어나기 약 100년 전, 일본에서는 쇼군의 후계자 자리를 놓고 무사 계급인 다이묘들이 다투었어. 이 싸움 때문에 나라가 혼란에 빠지고 다이묘 세력은 큰 힘을 가지게 되었지. 이 시기를 전국 시대라고 해.

다이묘 중 한 사람이었던 오다 노부나가는 다른 다이묘들을 정복하고 일본을 통일하려고 했어. 그는 '천하를 무력으로 뒤덮는다'라는 생각을 가지고 반대 세력을 차례로 없앴지. 그러나 오다 노부나가는 자신의 뜻을 이루지 못하고 가까운 사람에게 죽임을 당했어. 오다 노부나가가 갑자기 죽고 그의 아들들이 힘겨루기를 하는 틈을 타, 도요토미 히데요시가 권력을 잡았어. 일본을 통일한 도요토미 히데요시는 다이묘들의 불만을 잠재우기 위해 '대륙 정복'을 내세우며 임진왜란을 일으켰지. 하지만 별 소득을 얻지 못한 채 전쟁 중에 죽고 말았단다.

도요토미 히데요시가 세상을 떠난 후, 그때까지 숨죽이고 때를 기다리던 도쿠가와 이에야스가 나타났어. 그는 다이묘들을 설득하는 한편 반대파들을 무찌르고 일본을 완전히 통일했지. 도쿠가와 이에야스는 천황으로부터 쇼군 칭호를 받고 에도 시대를 열게 되었어.

 99퍼센트가 모르는 역사 상식

에도는 도쿄의 옛 이름이야. 오늘날 일본의 수도 도쿄는 이때부터 정치의 중심지였던 거지.

♦ 일본 통일 전쟁(16세기 경) : 일본 바쿠후들 사이의 전쟁

역사상 가장 부도덕한 전쟁
아편 전쟁 ①

18세기 후반부터 영국은 동인도회사를 통해 청나라였던 중국과 활발하게 무역을 했어. 영국은 주로 차, 도자기 등을 중국으로부터 사 갔고 모직물, 면직물 등을 수출했지. 중국 차는 영국인에게 무척 인기 많은 품목이었어. 그런데 중국인은 영국산 모직물을 별로 좋아하지 않았어. 비단옷을 고급으로 여기던 중국 사람들은 짐승의 털인 모직으로 만든 옷은 야만인이나 입는 옷이라 생각했거든. 그래서 영국이 중국으로부터

133

사는 물건은 많은데 파는 물건이 점점 줄어들었고 중국에 대한 영국의 무역 수지는 적자를 면할 수 없었지.

당시의 국제 화폐는 은이었어. 영국은 찻값으로 은을 중국에 내줘야 했기 때문에 나라의 은이 점점 줄어들었지. 이 문제를 해결하기 위해 영국은 중국에 아편이라는 마약을 팔기로 했어. 영국은 인도에서 재배한 아편을 동인도회사를 통해 중국에 팔았고, 인도에는 영국산 모직물을 팔았지. 인도는 영국의 식민지였기 때문에 얼마든지 영국 물건을 팔 수 있었어. 영국은 인도에서 받은 은으로 중국 차를 수입했지. 이렇게 세 나라가 연결되어 하는 무역을 '삼각 무역'이라고 해.

그 당시 아편은 조금씩 조심해서 사용하면 마취제나 진통제 역할을 하기도 했단다. 그런데 영국이 아편을 본격적으로 판매한 이후, 중국 사람들은 담배 피우듯 아편을 피웠어. 삼각무역을 시작한 지 50년도 안 되어 중국의 아편 중독자 수는 200만 명을 넘겼지. 그러자 중국은 엄격하게 아편을 단속하였고, 이에 불만을 가진 영국이 중국을 침략했는데 이것이 아편 전쟁이야. 역사상 가장 부도덕한 전쟁이었어.

인도를 통해 쏟아져 들어오는 아편은 중국 국민의 정신을 갉아먹었어. 아편을 피운 농민은 농사를 짓지 않고 관리는 부정을 저질렀으며 군인은 전투를 하지 않으려 했지. 청나라 조정은 아편을 피우는 사람은 지위나 신분을 가리지 않고 엄하게 처벌하기로 했어. 그리고 이전에 중국 내에서 아편을 금지하여 성과를 올렸던 임칙서를 관리로 임명해 광

동성으로 보냈지.

아편 금지령이 내려졌어도 거래는 좀처럼 줄어들지 않았어. 그러자 임칙서는 아편 수입을 금지하고 이미 들어온 아편을 몰수하기로 했지. 그는 영국 상인들이 가진 아편 2만 상자를 모두 빼앗았어. 그리고 아편 성분을 완전히 없애기 위해 짠물에 담갔다가 석회수를 부어서 녹여 버렸지.

막대한 손해를 본 영국 상인들은 영국 정부와 의회에 중국을 공격해 달라고 압력을 가했어. 결국 영국 의회는 중국을 침공하기로 결정했지. 영국 정부가 보낸 군대는 1840년 6월 마카오에 도착했어. 그들은 선전 포고도 하지 않고 중국을 공격했지. 제1차 아편 전쟁이 시작된 거야.

065 중국이 '종이호랑이'라고?
아편 전쟁 ③

제1차 아편 전쟁 때 영국군은 양쯔강을 거슬러 난징으로 처들어갔어. 곧 수도 베이징까지 들이닥칠 태세였지. 놀란 청나라 황제는 영국과 강화를 체결할 것을 명령했어. 전쟁에 참패한 중국은 엄청난 대가를 치러야 했지. 우선 중국이 몸집만 클 뿐 힘없는 종이호랑이라는 것을 전 세계에 알리게 되었어. 또 아편 배상금과 전쟁 배상금 등 많은 돈을 영국에 물어 줘야 했지. 가장 큰 대가는 홍콩을 100년 동안 영국에 내줘야

한다는 것이었어. 그 외에도 청나라가 거의 영국의 식민지가 된 듯한 내용의 불평등 조약을 맺어야 했지. 이를 시작으로 청나라는 서양 열강과 줄줄이 불평등 조약을 체결해야 했어.

제2차 아편 전쟁은 영국의 트집으로 시작되었지. 영국 국기를 단 배를 청나라 관리가 수색한 것이 문제가 되었어. 영국은 프랑스군까지 끌어들여 중국을 공격했단다. 영불 연합군은 광저우를 점령하고 약탈과 폭행을 저질렀어. 나아가 베이징까지 습격한 영불 연합군은 황제의 별장을 약탈하고 불을 질러 파괴했지. 결국 또 전쟁에 진 중국은 홍콩 근처의 땅을 빼앗기고 엄청난 배상금을 물어 주었단다.

◆ 아편 전쟁(1840년~1860년) : 중국의 청나라와 영국·프랑스 사이의 전쟁

고래 싸움에 새우등 터진다!
청일 전쟁 ①

청일 전쟁은 중국 청나라와 일본 사이에서 벌어진 전쟁이야. 하지만 그 전쟁터는 한반도였지. 또 조선에서 누가 더 큰 힘을 발휘할 것인가를 두고 벌인 전쟁이니 조선에 큰 영향을 끼칠 수밖에 없었어. 청일 전쟁이 일어나기 전, 일본과 청나라는 톈진 조약을 맺었어. 그중에는 두 나라 중 한 나라가 조선에 군대를 보내면 조선의 요청이 없어도 다른 나라도

군대를 보낼 수 있다는 내용이 있었단다.

이후 1894년, 조선에서는 농민들의 반란이 일어났지. 관리들의 횡포에 견디지 못한 농민들이 대나무창을 들고 일어난 거야. 농민군이 관군을 다 물리치고 한양으로 밀고 올라온다는 얘기를 들은 고종은 겁이 났어. 그래서 청나라에 군대를 보내달라고 요청했지. 청나라 군대가 오는 사이, 농민군과는 화해했지만 한번 들어온 군대는 쉽게 돌아가지 않았어. 이때, 일본도 톈진 조약을 내세워 한반도에 군대를 보냈지. 그러고는 서해 아산만 풍도 앞바다에서 청나라 군함을 기습 공격하여 세 척의 배를 침몰시켰어. 이렇게 시작된 청일 전쟁은 두 달 만에 일본의 승리로 끝났지.

99퍼센트가 모르는 역사 상식

농민군은 일본군을 몰아내기 위해서 다시 싸움을 시작했어. 하지만 대나무창과 농기구를 들고 싸운 농민군은 일본군의 신식 무기를 당해 낼 수 없었다고 해.

청일 전쟁에서 승리한 일본은 청나라로부터 랴오둥반도를 빼앗았어. 이처럼 강해진 일본의 힘이 대륙에까지 침범해 오니 러시아도 위협을 느낄 수밖에 없었지. 또, 러시아는 겨울에도 얼지 않는 항구(부동항)를 차지하기 위해 한반도 주변을 노리고 있었거든. 그런데 일본이 중국 땅을 차지하게 되면 부동항을 찾는 일도 더욱 어려워지지. 그래서 러시아

는 동맹국인 프랑스와 독일에 도움을 청했어. 러시아와 친한 프랑스는 물론, 러시아의 관심이 아시아에 머물러 있기를 바라던 독일도 그 요청을 받아들였단다.

러시아와 프랑스, 독일 세 나라는 공동으로 랴오둥반도를 청나라에 돌려주라고 일본에 요구했어. 청나라가 일본에 랴오둥반도를 내주기로 조약을 맺은 지 일주일만이었지. 세 나라와 싸울 수 없었던 일본은 랴오둥반도를 돌려주기로 했어. 이 사건을 '삼국 간섭'이라고 해.

이런 상황을 지켜본 조선의 조정은 어떤 생각을 했을까? 오랜 세월 우리 민족에게 영향력을 끼쳐온 중국 청나라를 일본이 이겼고, 그 일본도 러시아에는 꼼짝 못 한다고 생각했겠지. 그래서 조선은 러시아에 기대야겠다는 생각을 갖게 되었어. 조선에는 친러 내각이 만들어지고 친러 정책으로 나라가 움직이기 시작했지. 조선을 차지하기 위해 공들였던 일본은 위기를 느꼈어. 그동안의 노력이 헛일이 되고 그 공을 러시아가 차지할지도 모른다는 생각을 한 거지. 다급해진 일본은 친러 정책의 중심에 있던 조선의 왕비(명성 황후)를 살해했어.

이후 일본 사람들이 두려웠던 고종은 궁궐을 몰래 빠져나가 러시아 공사관에 숨었지. 고종은 그곳에서 친일파 대신들을 처형하고 다시 친러 내각을 구성했어. 하지만 고종이 러시아 공사관에 머무는 동안 조선의 권위와 위신은 땅에 떨어지고 말았단다.

♦ 청일 전쟁(1894년~1895년) : 중국의 청나라와 일본 사이의 전쟁

068 한반도를 사이에 둔 한판 승부
러일 전쟁

러시아와 일본은 한반도를 두고 한판 승부를 벌일 수밖에 없었어. 러시아에도 일본에도 한반도를 양보할 수 없는 이유가 있었거든. 러시아는 겨울에도 얼지 않는 항구가 절실히 필요했어. 또 러시아 안에서는 곧 혁명이 일어날 듯 불만이 들끓었지. 러시아 황제는 전쟁을 통해 사람들의 관심을 나라 밖으로 돌려 보려고 했어. 한편 좁은 섬나라에서 벗어나 대륙으로 진출하려던 일본에도 한반도는 반드시 손에 넣어야 할 중

요한 장소였지.

1904년, 인천 앞바다에 있던 러시아 군함 두 척을 일본이 격침하면서 러일 전쟁이 시작되었어. 그런데 전쟁은 쉽게 끝나지 않았고, 두 나라 모두 빨리 전쟁을 끝내야 하는 상황에 이르렀지. 일본은 돈이 부족해지기 시작했고 러시아는 나라 안에서 공산 혁명이 시작되었기 때문이야. 두 나라는 마지막 전투를 눈앞에 두고 있었지.

육지에서 계속 패배한 러시아는 러시아 동쪽에서 위용을 떨치던 발트 함대를 불러왔어. 이때 발트 함대는 수에즈 운하를 지나와야 했는데, 영국이 허락하지 않는 바람에 아프리카 남쪽 끝을 돌아와야 했지. 출발한 지 9개월 만에야 일본 대마도 근처에 도착한 발트 함대 군인들은 지칠 대로 지쳐 버렸어. 대마도 해전에서 일본은 발트 함대를 크게 물리쳤고 러일 전쟁은 일본의 승리로 끝났지.

✎ 99퍼센트가 모르는 역사 상식

러일 전쟁은 대한제국이 무너지는 데 결정적인 계기가 된 사건이야. 일본만이 한반도에서 강한 힘을 발휘할 수 있게 되었기 때문이지.

♦ 러일 전쟁(1904년~1905년) : 러시아와 일본 사이의 전쟁

제1차 세계대전이 끝난 후, 일본은 군국주의의 모습을 겉으로 드러내기 시작했어. 군국주의는 군사력을 키워 전쟁을 일으키는 것을 국가의 가장 중요한 목표로 삼는단다. 강한 군사력을 뽐내던 일본은 중국을 차지하기 위해 한반도를 전쟁 준비의 땅으로 삼으려 했어.

일본은 중국과 전쟁할 핑계를 만들기 위해 일부러 사건을 조작하기도 했지. 1931년 일본은 중국 만주의 류탸오후 철도를 폭파하고 중국 군대가 폭파했다고 주장했어. 그리고 그 일이 일본과 싸우기 위한 도전이라며 군대를 만주 지방으로 보냈지. 이렇게 일어난 전쟁이 만주 사변이야. 만주 지역을 점령한 일본은 괴뢰 정부인 만주국을 세웠어. '괴뢰'란 누군가의 손에 조종되는 꼭두각시를 일컫는 말이란다. 일본은 만주 일대를 자신들의 꼭두각시로 만든 거야. 대륙의 입구인 만주를 차지하면 대륙으로 나아가기가 훨씬 수월할 테니 말이야.

일본은 청나라의 마지막 황제인 푸이를 데려다 만주국 황제로 앉혔어. 물론 청나라는 만주족이 세운 나라이니, 옛 청나라 황제가 만주국을 다스리는 것이 당연하다고 여길 수도 있지. 하지만 만주국은 일본이 중국을 침략하기 위한 발판으로 만든 나라잖아? 거기에 중국 사람인 푸이가 협조한 것은 용서받을 수 없는 일이었어. 그래서 푸이는 일본이 전쟁에 지고 난 후 전쟁 범죄자로 처벌받았단다.

◆ 만주 사변(1931년~1932년) : 일본과 중국 사이의 전쟁

대륙을 삼키지 못한 섬나라
중일 전쟁

중일 전쟁은 아주 작은 사건으로 시작되었어. 베이징 교외에 있는 루거우차오라는 다리에서 중국군과 일본군 사이에 작은 다툼이 있었지. 두 나라 군인들은 협정을 맺고 이 사건을 마무리했어. 그런데 전쟁을 일으킬 구실을 찾고 있던 일본은 이 사건을 꼬투리 잡아 중국을 침략했지. 이게 바로 중일 전쟁이야. 중일 전쟁이 일어난 지 한 달 후, 일본은 베이

징 일대를 점령했어. 베이징을 손에 넣은 후, 계속 남쪽으로 밀고 내려와 상하이와 난징을 점령했지. 난징은 국민당 정부의 수도였어. 일본군은 중국인들의 저항 의지를 꺾기 위해 난징에서 수많은 사람을 죽였어. 두 달 동안 남녀노소를 가리지 않고 12만 명을 학살했지. 난징 인구의 5분의 1을 죽인 거야. 그럼에도 불구하고 중국은 끝까지 저항했고, 제2차 세계대전이 시작되면서 중국과 싸우던 일본군은 급속히 힘을 잃어갔지. 그리고 1945년 8월, 일본이 연합국에 항복함으로써 중일 전쟁도 끝났어. 일본은 중국 대륙을 삼키려던 꿈을 끝내 이룰 수 없었지.

♦ 중일 전쟁(1937년~1945년) : 중국과 일본 사이에 벌어진 전쟁

071 왜 공산주의 나라가 됐을까?
국공 내전

국공 내전은 국민당과 공산당의 내전이라는 뜻이야. 중국 사람들끼리 누가 대륙을 차지하느냐를 놓고 벌인 전쟁이었지. 제1차 국공 내전은 1927년에 일어났어. 장제스가 이끄는 국민당이 공산당을 물리치기 위해 전쟁을 시작했지. 그런데 앞서 이야기한 중일 전쟁 때, 국민당과 공산당은 일본군을 몰아내기 위해 잠시 싸움을 멈추고 힘을 합하기로 했단다.

이를 '국공 합작'이라고 해. 1945년, 일본이 중국 대륙에서 완전히 물러
가자 국민당과 공산당도 더 이상 전쟁을 하지 않을 것처럼 보였어. 서로
평등한 지위를 갖고 군대를 줄이자고 정하기도 했지.

　그러나 국민당은 속으로는 여전히 공산당을 몰아낼 생각을 하고 있었
어. 당시 국민당은 공산당에 비해 군사력이 강했기 때문에 자신들이 쉽
게 이길 수 있다고 생각한 거야. 1946년, 중국에서는 다시 내전이 시작
되었어. 제2차 국공 내전이지. 국민당은 도시를 중심으로 공산당을 공
격했어. 그런데 공산당은 지방 곳곳으로 스며들어 농민들을 자신들의
편으로 만들었지. 국민당 정부의 관리들은 부패하고 농민들에게 세금을
많이 걷었어. 그래서 대중의 마음은 국민당을 떠나 공산당 쪽으로 기울

게 되었대. 1948년부터는 공산당이 우세해지기 시작했어. 20년 넘게 계속된 내전에서 결국 공산당이 승리했지.

99퍼센트가 모르는 역사 상식

전쟁에서 진 국민당 정부가 쫓겨간 곳이 바로 타이완(대만)이야.

◆ 국공 내전(1927년~1949년) : 중국의 국민당과 공산당 사이에서 벌어진 내전

072 베트남에 모인 세계의 군대
베트남 전쟁 ①

1954년 프랑스로부터 독립한 베트남은 남북으로 나뉘었어. 공산주의자들은 베트남 북부를 손에 넣고 북베트남이라고 불렀지. 공산주의에 반대하는 사람들이 자리 잡은 남베트남에서는 응오딘지엠이 총리가 되었어. 베트남의 독립 문제는 '제네바 협정'으로 정리되었지. 그 협정은 베트남 전체에서 자유 선거를 실시한 다음, 국민들이 뽑은 하나의 정부로 남북을 통일하라고 정해 놓은 것이었어. 북베트남은 이 선거에서 자

북베트남

베트남도 우리나라처럼
남북의 분단을 겪었구나!

베트남은 통일했지만
공산 국가가 되었지.

남베트남

신들이 승리할 것이라고 생각했지. 하지만 남베트남의 응오딘지엠은 선거를 치르지 않겠다는 뜻을 밝혔어. 결국 북베트남은 전쟁을 통해 남북 베트남을 통일하기로 했지. 처음 베트남 전쟁은 남베트남과 북베트남 사이의 내전으로 시작했어. 그런데 1960년대 초, 미국이 개입하고 우리나라를 비롯한 미국 동맹국 여러 나라가 지원하면서 국제전이 되었지. 20년에 걸쳐 계속된 이 전쟁에서 수많은 사람이 죽거나 다치고 베트남 국토는 황폐해졌어. 결국 1975년 남베트남이 전쟁에 패배했고 베트남은 공산 국가가 되고 말았단다.

독약은 편을 가리지 않는다?
베트남 전쟁 ②

세상에 비참하지 않은 전쟁은 없어. 하지만 베트남 전쟁은 특히 더 비참하고 끔찍한 전쟁이 되고 말았지. 나뭇잎을 말려 버리는 '고엽제'라는 약품을 사용했기 때문이야. '에이전트 오렌지'라는 암호명으로 불린 고엽제는 베트남 전쟁이 한창이던 1962년부터 사용되었어.

열대 기후에 속한 베트남은 우거진 정글이 곳곳에 있는데 이 정글에 북베트남 군대가 숨어들면 도저히 그들을 이겨 낼 수 없었대. 정글에 익숙한 북베트남 군인들은 미군과 한국군에게 큰 피해를 입히기도 했어. 그래서 미군은 비행기로 고엽제를 뿌려 정글의 잎을 말려 버리려고 했지. 그러면 북베트남 군대가 숨을 곳도 없어지고, 그 땅에서는 농사를 지을 수 없으니 그들에게 식량을 대줄 수도 없게 되잖아. 농업 지대에 살면서 북베트남을 돕던 민간인들을 도시로 옮겨 살게 하려는 계획도 있었어.

그런데 이 고엽제에는 사람 몸에 몹시 해로운 '다이옥신'이라는 물질이 포함되어 있었지. 여기에 노출된 사람은 두고두고 끔찍한 질병에 시달리거나 기형아를 낳을 확률도 크다고 해. 그러니 고엽제는 아주 무서운 약품인 거지. 또 다이옥신은 땅에 스며들어 생태계를 교란하는 원인 물질이 되었어. 고엽제로 인한 피해는 군인과 민간인, 아군과 적군을 가리지 않고 심각하게 나타났어. 그 당시에는 고엽제에 들어 있는 물질이 그렇게 위험한 것인지 모르고 함부로 뿌려댔거든. 시간이 흘러, 참전했던 군인들에게 수많은 후유증이 발생하면서 고엽제 문제는 심각한 사회 문제가 되었어. 우리나라 군인 중에도 고엽제 피해자가 많았지.

♦ 베트남 전쟁(1955년~1975년) : 북베트남과 미국·한국을 포함한 남베트남 동맹국 사이의 전쟁

제3장

신대륙에서
일어난 전쟁

인도로 착각한 땅
에스파냐의 남미 정복 전쟁

흔히 콜럼버스가 새로운 대륙을 발견했다고 하지만 그 이전에도 아메리카 대륙에는 사람들이 살고 있었어. 유럽 사람들은 아메리카 대륙이 인도인 줄 알았지. 그래서 그곳에 살고 있던 원주민을 인도 사람, 즉 '인디언'이라고 불렀어.

아메리카 원주민은 여러 곳에서 마야 문명, 아즈텍 문명, 잉카 문명

등 각각의 문명을 발전시키고 있었어. 이 문명들은 별다른 전쟁 없이 평화롭게 유지되었지. 그런데 콜럼버스가 이곳을 발견한 후 그들의 평화가 깨졌어. 에스파냐 사람들이 아메리카 대륙을 침략하기 시작했거든. 더구나 아메리카에 금과 은이 많다는 소문이 퍼지면서 에스파냐 사람들은 너도나도 아메리카 대륙으로 몰려들었어. 그때부터 에스파냐와 아메리카 원주민 사이에 전쟁이 시작되었지.

전쟁이라고 하지만 사실은 에스파냐의 일방적인 침략이었어. 에스파냐의 코르테스는 겨우 600명으로 아즈텍 문명을 점령했대. 피사로라는 사람은 그보다 더 적은 병력으로 잉카 제국을 멸망시켰지. 아메리카로 건너온 에스파냐 사람들은 원주민들의 문명을 철저히 파괴하고 금과 은을 빼앗아갔어. 또 자신들의 종교인 크리스트교를 믿지 않는다고 수많은 원주민을 죽이기도 했단다. 일부 마야와 잉카 문명 후손들은 에스파냐 군대에 저항했지만, 100년도 채 되지 않아 아메리카 대륙의 대부분은 에스파냐의 식민지가 되고 말았어.

♦ 에스파냐의 남미 정복 전쟁(16세기 이후) : 에스파냐가 아메리카 대륙을 정복하기 위해 벌인 전쟁

대표 없는 곳에 과세 없다
미국 독립 전쟁 ①

콜럼버스가 아메리카 대륙을 발견한 이후, 영국과 프랑스는 북아메리카 식민지를 두고 여러 차례 전쟁을 벌였어. 그중 프렌치-인디언 전쟁에서 프랑스는 영국에 패배하여 북아메리카 전체에서 손을 떼야 했지. 식민지를 홀로 차지한 영국은 북아메리카 동해안에 열세 개의 식민지 주를 건설했어. 하지만 영국은 식민지에 대해 거의 간섭하지 않았기 때문에 열세 개 주는 자유를 누리면서 발전할 수 있었단다.

그런데 7년 전쟁을 치르느라 재정이 궁핍해진 영국은 식민지에서 돈을 끌어오려고 했지. 그래서 이전에 없던 여러 가지 법을 만들어 식민지를 통제하고 설탕, 인쇄물, 차, 유리, 납 등에 세금을 매기기 시작했어. 식민지 주민들은 크게 반발했지. 이 법들은 식민지 대표들이 참가하지 않은 영국 의회에서 만들어진 것이니 식민지에서는 따를 필요 없다고 주장했어. 그래서 "대표 없는 곳에 과세 없다"라는 구호를 내세운 거야. 이런 움직임은 결국 미국 독립 전쟁으로 이어졌지.

076 홍차가 바꾼 미국 역사
미국 독립 전쟁 ②

미국 독립 전쟁의 직접적인 불씨가 된 것은 보스턴 차 사건이야. 영국에 저항하는 운동에 앞장선 사람은 존 핸콕이었어. 그는 영국 동인도 회사가 들여오는 중국산 홍차를 사 마시지 말자며 불매 운동을 펼쳤지. 핸콕의 불매 운동으로 중국산 홍차의 판매량은 6분의 1 정도로 크게 줄어들었어. 창고에는 팔리지 않은 중국산 찻잎이 쌓였고, 영국 동인도 회사는 크게 손해를 봤지. 그러자 영국 정부는 차에 관한 새로운 법을 만들었어. 미국 상인을 거치지 않고 동인도 회사가 식민지에서 직접 차를 팔 수 있도록 한 거야.

그래도 불매 운동이 계속되었고 미국에 있던 많은 동인도 회사 대리점은 문을 닫았어. 영국 동인도 회사의 배인 다트머스호가 보스턴 항구

에 들어올 때, 보스턴 시내에서는 영국 정부와 동인도 회사를 규탄하는 집회가 열리고 있었지. 집회에 참가했던 100여 명의 청년은 인디언으로 가장하고 다트머스호로 몰려갔어. 그들은 고함을 지르며 배에 실려 있던 차 상자를 바다로 던져 버렸지. '보스턴 차 사건'이 벌어진 거야. 이 사건으로 화가 난 영국 정부는 어떤 배도 보스턴항에 들어오지 못하게 막고, 식민지에 있는 영국군이 식량과 건물을 강제로 차지할 수 있도록 하는 등 식민지의 자유를 빼앗았어. 더 이상 참을 수 없었던 미국 사람들은 대책을 마련하기 위해 제1차 대륙회의를 소집했지. 이 회의 자체가 미국 독립의 시작이었단다.

♦ 미국 독립 전쟁(1775년~1783년) : 미국과 영국 사이의 전쟁

노예가 아닌 '시민'이 되다
미국 남북 전쟁 ①

우리도 같은 인간이야!
노예로 계속 살 순 없어.

링컨 대통령이 있는
북부로 가서
남군과 맞서 싸웁시다!

19세기 중반까지만 해도 미국에는 수많은 흑인 노예가 있었어. 흑인 노예를 부리는 농장은 주로 남부에 있었지. 8000여 개의 농장에 각 50명 이상, 그중 1800개에는 각 100명 이상의 노예가 일하고 있었어. 그런 남부 주들은 노예 제도를 없애면 연방에서 탈퇴하겠다고 선언했지. 그런데 노예제를 없애겠다고 약속한 에이브러햄 링컨이 대통령으로 당선된 거야. 남부 주들은 자신들의 말대로 연방에서 탈퇴하고, '남부 연합'이라는 새 정부를 만들어 제퍼슨 데이비스를 대통령으로 내세웠지. 당시 남부 연합은 비싼 작물인 목화를 생산하고 있었어. 그래서 자금 마련이 쉬운 자신들이 전쟁에 이길 것이라 생각했단다.

1861년 4월 12일 남부 연합의 포격으로 남북 전쟁이 시작되었어. 처음에는 군자금이 두둑하고 영국의 지원을 받은 남군이 이기는 듯했어. 그런데 1863년 노예 해방 발표 후, 남쪽의 노예들이 북부로 몰려들어 북부의 인구가 늘고 여론도 북부 쪽으로 쏠리게 되었지. 그리고 그해 7월에 벌어진 게티즈버그 전투에서 북군이 승리하면서 전세가 뒤집혔어. 남북 전쟁은 결국 북군의 승리로 끝이 났고 연방은 다시 하나가 되었지. 또 노예제는 없어지고 해방된 노예도 미국 시민권을 받을 수 있었어.

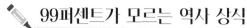 99퍼센트가 모르는 역사 상식

승리한 장병들을 격려하러 게티즈버그에 간 링컨 대통령은 멋진 연설로 청중을 감동시켰지. 이때 남긴 "국민의, 국민에 의한, 국민을 위한 정부"라는 말은 민주주의를 잘 나타내는 대표적인 말이 되었어.

노예가 당하는 고통을 사람들이 알게 된다면 다들 노예 해방에 찬성할 거야!

해리엇 비처 스토

미국 북부 사람들은 남부 사람들과 전쟁을 치르더라도 노예제를 폐지해야 한다고 생각했어. 그렇게 굳은 마음을 만든 건 《톰 아저씨의 오두막》이라는 소설이었지. 우리에게도 잘 알려진 이 소설의 작가는 해리엇 비처 스토라는 부인이었단다.

당시 남부의 노예들은 북부로 많이 도망쳤어. 북부 사람들은 노예들을 숨겨 주고 캐나다로 도망칠 수 있도록 도와주었거든. 그런데 도망친 노예를 도와준 사람까지 처벌받는 법이 만들어졌고, 이 법이 잘못되었다고 생각한 스토 부인은 《톰 아저씨의 오두막》을 쓰기 시작했지. 이 책이 세상에 나오기 전까지는 북부 사람들도 노예들의 비참한 삶에 대해 별다른 관심이 없었대. 그런데 노예들이 어떤 고통을 겪고 있는지 낱낱이 밝혀 놓은 책 내용은 북부 사람들의 마음을 움직이기 시작했어.

소설의 주인공 톰은 폭력에 맞서다가 악독한 주인 레글리에게 죽도록 맞았어. 그러면서도 "비록 나의 몸은 당신에게 팔려 왔지만, 내 영혼만은 하느님의 것입니다"라고 외쳤지. 이게 바로 노예에게도 인권이 있다는 걸 주장한 선언이야. 또 톰이 죽은 후, 그의 첫 번째 주인이었던 조지 셸비는 모든 노예를 풀어 주며 이런 말을 했지. "나는 앞으로 절대 노예를 부리지 않겠습니다. 누구도 톰처럼 외롭게 죽어서는 안 됩니다. 여러분은 앞으로 자유를 누리면서 톰의 영혼에 진 빚을 생각하기 바랍니다."
이 책 덕분에 많은 사람이 링컨 대통령의 노예 해방에 찬성했어. 그리고 북부는 남북 전쟁에서 승리할 수 있었지. 전쟁 후 스토 부인을 만난 링컨 대통령은 "당신이 이 위대한 전쟁을 일으킨 바로 그분이군요"라고 인사했다고 해. 《톰 아저씨의 오두막》은 역사를 바꾼 위대한 소설이지.

♦ 미국 남북 전쟁(1861년~1865년) : 미합중국과 남부 연합군 사이의 전쟁

079 더 이상 간섭하지 마!
미국-에스파냐 전쟁

유럽과 아메리카 대륙 사이에 서로 간섭하지 맙시다~

네가 뭔데 명령이야!

독립! 독립!

제임스 먼로 (미국)

쿠바&필리핀

에스파냐

1823년 미국의 제임스 먼로 대통령은 중요한 선언을 했어. 유럽과 아메리카 대륙 간의 간섭을 없애자는 내용이었지. 이런 주장을 '먼로주의'라고 해. 그때까지 아메리카 대륙의 많은 나라가 유럽 국가의 식민지였는데, 이 선언에 힘입어 중남미 국가들이 독립을 인정받게 되었어. 하지만 에스파냐를 비롯한 유럽 국가들이 먼로 선언을 좋아할 리 없었겠지? 미국의 힘이 커지고 자신들은 아메리카 대륙의 식민지를 잃는다는 이야기니까 말이야.

미국 바로 아래 있는 섬나라 쿠바도 에스파냐로부터 독립하기를 원했어. 쿠바에서는 독립군과 에스파냐군 사이에 전투가 벌어져 나라 안이 어수선해졌지. 그때 미국 정부는 쿠바에 있는 미국인을 보호한다는 이유로 쿠바 아바나항으로 메인호라는 군함을 보냈어. 그런데 이 메인호가 원인 모를 폭발로 침몰하고 미 해군 200여 명이 사망했지. 에스파냐는 폭발이 메인호 안에서 일어난 것이라 했지만 미국은 에스파냐군이 미국 군함을 공격했다며 에스파냐에 선전 포고를 했어.

미국과 에스파냐는 쿠바뿐만 아니라 필리핀, 푸에르토리코, 괌 등 에스파냐가 가지고 있던 다른 식민지를 놓고도 싸우게 되었지. 쿠바와 필리핀의 독립군은 미국과 함께 에스파냐 군대를 공격했어. 미국이 전쟁을 일으킬 것이라고 예상하지 못했던 에스파냐는 이 전쟁에 지고 말았지. 결국 1898년 에스파냐는 쿠바와 필리핀, 푸에르토리코, 괌의 지배권을 미국에게 넘겨주게 되었어.

♦ 미국-에스파냐 전쟁(1898년) : 미국과 에스파냐 사이의 전쟁

제4장

전 세계가
뛰어든 전쟁

1914년 6월 28일, 오스트리아-헝가리 제국의 황태자 부부가 보스니아 헤르체고비나의 수도인 사라예보에 방문했어. 군대가 잘 훈련되었는지 보기 위해서였지. 당시 황태자는 게르만인과 슬라브인이 평등하게 참여한 또 다른 왕국을 제국 안에 만들려고 했어. 그런데 자신들만의 단일 민족 국가를 만들고 싶었던 세르비아인들은 이 계획을 불만스러워했

지. 또 황태자의 이런 부드러운 정책은 세르비아인이 뭉쳐서 투쟁하는 것을 방해한다고 생각했어.

세르비아의 지원을 받은 보스니아 민족주의 단체 청년들은 황태자가 탄 차량 행렬을 향해 수류탄을 던졌어. 하지만 뭔가 날아오는 것을 본 운전사가 속도를 높이는 바람에 수류탄은 차 뒷바퀴에 맞고 뒤따라오던 차 밑에서 터졌지. 그래서 뒤차에 타거나 근처에 있던 사람들이 크게 다쳤어.

한 시간쯤 지난 후, 자기 때문에 많은 사람이 다쳤다는 것을 안 황태자는 주위의 만류에도 불구하고 모든 일정을 취소하고 병원으로 향했어. 문병을 마치고 돌아올 때는 암살자들이 눈치채지 못하도록 다른 길로 가기로 했지만, 운전사가 길을 잃고 말았지. 그렇게 길을 헤매다가 하필 암살자 중 한 명인 프린치프가 있는 곳을 지나가게 된 거야. 황태자 일행을 본 프린치프는 권총으로 황태자 부부를 쏘아 죽였어. 이 일을 '사라예보 사건'이라고 해.

사라예보 사건 이후 오스트리아는 세르비아에 전쟁을 선포했고, 이후 유럽의 여러 나라가 서로 선전 포고를 주고받으며 제1차 세계대전이 시작된 거야.

잠수함이 뒤바꾼 운명
제1차 세계대전 ②

    제1차 세계대전은 처음에는 유럽 국가들 사이의 전쟁이었어. 영국, 프랑스 중심의 연합국과 독일, 오스트리아 중심의 동맹국이 맞서 싸웠거든. 당시 영국은 강한 해군력을 바탕으로 독일이 바다로 나오지 못하게 막아 버리는 작전을 펼쳤어. 전쟁에 필요한 물건도 들여오지 못하고, 바다 건너의 적도 공격하지 못하게 된 독일은 잠수함 개발을 시작했어.

독일은 새로운 무기인 잠수함을 이용하여 바다에서 싸웠지. 적국의 배라면 군함뿐만 아니라 수송선, 여객선까지 가리지 않고 공격했어. 1915년에는 영국의 여객선 루시타니아호가 군수 물자를 싣고 있다는 이유로 공격을 했지. 그런데 이 배에는 128명의 미국 승객이 타고 있었고, 이들은 모두 사망했어. 이때 독일은 미국에게 사과하며 앞으로 미국의 배는 공격하지 않겠다고 약속했지. 전쟁에 휘말리고 싶지 않았던 미국은 독일의 사과와 약속을 받아들였어.

하지만 1917년, 전세가 불리해지자 독일군은 영국, 프랑스로 향하는 모든 배를 공격하는 작전을 펼치기 시작했지. 연합군에게 식량, 무기 등이 전달되는 것을 막기 위해서였어. 말 그대로 '무제한 잠수함 작전'이었지. 그런데 당시 중립국이던 미국의 선박도 독일 잠수함으로부터 많은 피해를 입었어. 루시타니아호 사건 때의 약속이 깨진 거야. 그러자 미국 내에서 독일과 싸워야 한다는 목소리가 커졌고, 결국 미국이 참전함으로써 세계대전으로 확대되었지. 미국의 참전으로 연합국은 큰 힘을 얻었고 결국 독일은 이 전쟁에서 지고 말았어.

과학의 발달이 부른 비극
제1차 세계대전 ③

제1차 세계대전은 4년 동안 계속되었어. 전 세계 32개 나라 6000만 명이 전쟁터로 나갔지. 이 전쟁에서 희생된 사람은 1000만 명이 넘었는데, 그중 600만 명이 군인이 아닌 민간인이었대. 이렇게 많은 사람, 특히 많은 민간인이 희생당한 이유는 과학 기술의 발달로 현대식 무기들이 많이 만들어지고 사용되었기 때문이야. 기관총과 전차, 잠수함, 독가스 등 짧은 시간에 수많은 사람의 목숨을 앗아갈 수 있는 현대식 무

기들은 주로 1차 세계대전 때 세상에 등장했지. 이 전쟁 중에 기관총을 장착한 전투기도 등장했어. 비행기가 전쟁에 쓰이면서 전쟁터의 범위가 아주 넓어졌단다. 처음에 비행기는 주로 적의 기지를 정찰하고 폭격하는 데 쓰였지만, 기관총을 장착하고 공격 범위가 넓어지면서 민간인의 피해가 많이 늘어났다고 해. 정말 안타까운 일이지?

 99퍼센트가 모르는 역사 상식

제1차 세계대전 당시, 프랑스와 헝가리는 성인 남자 다섯 명 중 한 명꼴로 목숨을 잃었다고 해.

◆ 제1차 세계대전(1914년~1918년) : 영국, 프랑스, 러시아 등 연합국과 독일, 오스트리아-헝가리 등 동맹국 사이의 전쟁

083 독일을 강한 나라로!
제2차 세계대전 ①

제1차 세계대전에서 패배한 독일은 전쟁이 끝난 후 무척 힘들게 살아야 했어. 전쟁의 책임을 지고 영국과 프랑스 등 연합국에 엄청난 돈을 물어 줘야 했거든. 나라 밖에서 돈을 벌어 주었던 식민지도 다 잃은

데다 세계 대공황이 닥쳐 상황은 더 나빠졌지. 독일 사람들은 일자리를 잃고 거리를 헤맸고, 굶주린 아이들은 구걸하러 돌아다녔어. 독일 국민의 자존심이 땅에 떨어지고 만 거야. 히틀러는 그때 나타나 절망에 빠진 독일 사람들의 가슴에 불을 질렀지. 그는 독일 민족이 세계에서 가장 훌륭한 민족이라고 강조했어. 그리고 전쟁에서 진 빚을 모두 갚고 독일을 강한 나라로 만들겠다고 약속했지. 히틀러의 연설에 열광한 독일 국민들은 히틀러가 속한 나치 정당을 선택했고, 히틀러는 국가 원수가 되었지.

히틀러는 전쟁을 준비하기 위해 도로와 비행장을 만들고 멈추었던 무기 공장을 다시 가동했어. 덕분에 일시적으로 일자리가 많이 늘어났지.

또 히틀러는 독일이 고통받는 것은 유대인 때문이라며 유대인들을 독일에서 내쫓겠다고 했어. 독일인은 오래전부터 유대인을 싫어한 데다, 우선 먹고 살게 해 준다며 히틀러를 지지했지. 히틀러는 군대를 키우고 무기를 많이 만들어 전쟁 치를 준비를 철저히 했어. 그리고 그의 통치 아래, 독일은 1938년부터 오스트리아, 체코슬로바키아, 폴란드 등 이웃 나라들을 침략하기 시작했어. 제2차 세계대전을 일으킨 거야.

084 책 읽으며 버틴 872일
제2차 세계대전 ②

제2차 세계대전 초기에 독일과 소련은 서로 침략하지 않기로 조약을 맺었어. 하지만 독일은 그 약속을 지키지 않았지. 1941년 6월 22일, 독일 군대는 러시아 제2의 도시인 상트페테르부르크를 포위했어. 그때 이 도시의 이름은 레닌그라드였지. 독일군은 연료와 음식이 도시로 들어가는 것을 철저히 막고 하루에 네 번씩 시간 맞춰 대포를 쏘았어. 레닌그라드의 식량 창고를 파괴한 독일군은 시민들이 어차피 곧 다 굶어 죽을 것이니 기다려 보자는 입장이었지.

땔감도 다 떨어지고 창문들은 폭격으로 부서졌어. 살아남은 사람들은 널빤지, 헝겊 등으로 창문을 가리고 어둠 속에서 지냈지. 밀가루가 떨어

지자 톱밥으로 빵을 만들어 먹기도 했어. 겨울이 되면서 더 많은 사람이 죽어갔지. 사람들은 더 이상 사망자 수를 세지 않았고 거리의 시체도 치우지 않았어. 집 안에서는 시체를 곁에 둔 채 식사를 했지.

그런데 봉쇄와 포위 기간에도 레닌그라드 공립도서관은 문을 닫지 않았어. 오히려 사람들은 도서관에 모여들었지. 기운이 없고 추워서 할 수 있는 일이 없었던 그 기간은 긴 러시아 소설을 읽기에 적당하다고 여겨졌어. 심지어 도서관에서 책을 펼쳐 놓고 죽은 사람도 있었지.

1944년 1월 27일 포위가 풀렸어. 정확히 872일 만이었지. 그동안 배고픔, 추위, 포탄, 질병 등으로 인해 레닌그라드 시민 3분의 1이 목숨을 잃었어. 그래도 레닌그라드는 항복하지 않았지. 그런 시민들의 의지

와 용기를 기려 지금도 레닌그라드, 즉 상트페테르부르크는 영웅 도시
라 불리고 있지.

유대인 소녀의 기록
제2차 세계대전 ③

유대인이었던 안네 프랑크는 독일에서 살고 있었어. 그런데 나치 독
일이 유대인을 괴롭히자 사업가였던 안네의 아버지는 가족을 데리고 네

덜란드 암스테르담으로 이사했지. 그곳은 나치의 손이 미치지 못하는 안전한 곳이라 생각한 거야. 하지만 1941년, 독일군이 네덜란드까지 점령했어. 안네의 가족은 늘 감시를 받아야 했고 언제 강제 노동 수용소로 끌려갈지 모르는 공포에 떨어야 했지.

안네의 부모님은 가족의 생존을 위해 다시 결단을 내렸어. 나치가 물러갈 때까지 숨어 살기로 한 거야. 1942년 7월 9일, 안네의 가족은 비밀 공간으로 살짝 숨어들었지. 그곳은 아버지의 식료품 공장 창고와 뒷방 사무실이었어. 책장으로 입구를 가린 아주 좁은 공간에서 다른 네 명의 유대인과 총 여덟 명이 함께 지내게 되었지.

처음에는 유대인이 아닌 네덜란드 친구들이 식량이나 필요한 물건을 몰래 가져다주었어. 하지만 나치의 감시가 심해지면서 친구들의 도움을 받을 수 없었지. 먹을 것도 떨어져 썩은 감자로 끼니를 때워야 했고 발소리도 낼 수 없어서 거의 꼼짝 못 하며 지내야 했어. 그렇게 2년을 밀실에 숨어 살던 안네의 가족은 1944년 8월 4일 나치에 의해 발각되고 말았지.

안네의 가족은 폴란드의 강제 노동 수용소로 끌려갔어. 어머니와 안네 자매는 수용소에서 세상을 떠났고 아버지만 살아남았지. 안네의 가족이 잡혀간 뒤, 친구들은 은신처에 남아 있던 물건들을 보관했다가 아버지에게 주었는데 그중에 안네의 일기가 있었던 거야. 이 일기는 여러 나라의 언어로 번역되어 전 세계로 퍼져나갔어. 전쟁의 참혹함 속에서 어린 소녀 안네가 어떻게 견뎌냈는가를 볼 수 있는 이 책에 많은 사람이 감동했지. 안네의 가족이 숨어 있던 암스테르담의 건물은 지금 박물관이 되었어.

일본이 본격적으로 '카미카제'라는 이름을 붙여 자살 특공대를 만든 것은 1944년 10월 무렵이었어. 하지만 그 이전에도 비행기나 잠수함에 폭탄을 싣고 적에게 가서 부딪히거나, 돌아갈 시간 여유가 없을 만큼 적에게 가까이 다가가 공격하다가 자신도 함께 폭사하는 자살 특공대가 있었어. 그들 모두를 일반적으로 '카미카제 특공대'라고 부르지. 카미카제의 원래

뜻은 '신의 바람'이야. 13세기에 몽골과 고려 연합군이 일본을 침략하려다 태풍이 불어 두 차례나 실패한 적이 있는데, 그때 일본 사람들이 자신들을 구해 준 태풍에 '신의 바람'이라는 이름을 붙인 데서 비롯된 거지.

전쟁이 끝나갈 무렵, 일본은 다급한 마음에 카미카제 특공대를 만들었어. 비축해둔 연료가 6개월 안에 다 떨어질 것으로 보였기 때문에, 일본은 최대한 빨리 전쟁을 끝내야 했지. 그래서 군인들에게 죽기를 각오하고 싸우라 요구했어. 그래서 적진까지 갈 연료만 주고 돌아올 연료는 채워 주지 않았던 거야.

 99퍼센트가 모르는 역사 상식

카미카제 특공대 중에는 우리나라 사람도 있었는데, 가장 나이가 어린 조선인 병사는 열일곱 살밖에 되지 않았대.

087 '무조건 항복'을 한 이유
제2차 세계대전 ⑤

1945년 2월, 제2차 세계대전이 막바지로 치닫고 있었어. 일본과 함께 제2차 세계대전을 일으켰던 이탈리아와 독일은 일찌감치 항복했지. 제

2차 세계대전의 마무리를 위해 만들어진 포츠담 선언이 발표될 때, 일본은 홀로 남아 연합군과 싸우고 있었어. 일본이 항복 권고를 받아들이지 않자 미국은 '전쟁의 괴로움'을 빨리 끝내기 위해 엄청난 결정을 했단다. 바로 일본에 원자폭탄을 떨어뜨리는 것이었지.

'리틀 보이'라는 이름을 가진 첫 번째 원자폭탄이 8월 6일 히로시마에 투하되었어. 현장에서 7만 명이 죽고 7만 명이 부상당했지. 9일 나가사키에 떨어진 두 번째 폭탄으로는 4만 명이 죽고 4만 명이 부상당했어. 8월 8일에는 소련까지 일본에 선전 포고를 했지. 그제야 일본은 포츠담 선언을 받아들였어.

8월 14일, 일본 정부는 무조건 항복을 선언했어. 그래도 연합국은 일본 내 안정을 위해 천황의 지위를 보장해 주기로 했어. 일본의 항복으로 제2차 세계대전이 끝난 거야.

♦ 제2차 세계대전(1939년~1945년) : 독일, 일본, 이탈리아 등 추축국과 미국, 영국, 소련 등 연합국 사이의 전쟁

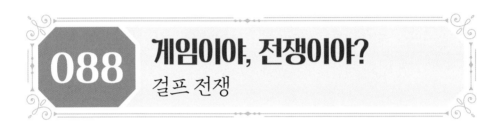

088 게임이야, 전쟁이야?
걸프 전쟁

걸프 전쟁은 이라크가 쿠웨이트를 침공한 사건으로부터 시작되었어. 이라크와 쿠웨이트는 석유 생산 문제로 갈등을 겪고 있었어. 쿠웨이트가 이라크의 요구를 들어주지 않자, 이라크는 선전 포고를 한 뒤 쿠웨이트의 수도인 쿠웨이트시티를 공격했지.

이라크의 쿠웨이트 침공에 대해 세계 여러 나라가 비난했어. 유엔은 이라크가 쿠웨이트에서 철수하지 않으면 무력 조치를 취하겠다고 경고했지. 당시 미국의 조지 부시 대통령은 미군을 사우디아라비아에 보내고, 다른 나라들에도 함께 이라크에 맞설 것을 요청했어. 이에 미국, 영국, 사우디아라비아, 이집트 등이 중심이 된 군사 동맹이 만들어졌지.

이라크가 약속한 날짜까지 군대를 철수하지 않았기 때문에 전쟁이 벌어지고 말았어. 5주 동안 공중과 바다를 가리지 않고 이라크군을 향한 폭격이 계속되었지. 이 작전을 '사막의 폭풍 작전'이라고 불렀어. 이라크 군대는 거의 아무런 힘도 써 보지 못하고 연합군의 포격을 당해야 했지. 결국 연합군은 쿠웨이트에서 이라크 군대를 몰아내고 이라크 영토로까지 쳐들어갔어. 지상에서 전투가 시작된 지 100시간 만에 연합군의 승리로 전쟁이 끝났지.

걸프 전쟁 중 미국의 방송들은 실제 전쟁터에서 벌어지는 전투 장면을 TV로 중계했어. 미국 전투기가 폭격하는 장면도 실시간으로 보여 주었지. 그래서 이 전쟁은 '비디오 게임 전쟁'이라는 별명을 얻기도 했대.

◆ 걸프 전쟁(1991년) : 미국, 영국, 프랑스 등 33개 다국적군과 이라크 사이에 벌어진 전쟁

제5장

우리
역사를 담은
전쟁

한반도 최초의 나라가 무너지다
한나라의 고조선 정복 전쟁

　무제가 한나라를 다스리고 있을 때, 한반도에는 고조선이 자리 잡고 있었어. 한나라는 고조선보다 남쪽에 있던 진한과 직접 무역을 하려고 했지. 하지만 두 나라 사이에 위치한 고조선이 이를 막았어. 고조선은 한나라와 진한의 장사를 중계하여 돈을 벌었거든. 진한에서 한나라로 보내는 사신의 길도 막았지.

한나라 무제는 자신의 말을 듣도록 달래기 위해 '섭하'라는 사신을 고조선에 보냈어. 하지만 고조선의 우거왕은 무제의 명령을 듣지 않았지. 뜻을 이루지 못하고 돌아가던 섭하는 배웅 나온 고조선의 비왕(임금의 일을 돕던 관리)을 죽여 버렸대. 그런데 무제는 섭하에게 벌을 주기는커녕 오히려 고조선 가까운 곳을 다스리도록 관직을 내렸어. 화가 난 우거왕은 자객을 보내 섭하를 죽였지. 이 사건 때문에 무제는 6만 명에 가까운 군사를 보내 고조선을 공격했어.

군사의 수가 많은 한나라 군대는 고조선의 수도 왕검성을 포위했지. 고조선 사람들은 성안에서 1년 동안 버텼어. 그런데 전쟁이 길어지자 성안에 있던 고조선 지배층은 초조해지기 시작했지. 일부는 부하들을 이끌고 진한으로 내려갔고, 몇몇 장군은 왕검성에서 나가 한나라에 항복했어. 그 와중에 우거왕도 신하에게 죽임을 당했지. 그런데도 왕검성은 무너지지 않았어. 성기라는 고조선의 장군이 백성을 이끌고 끝까지 싸운 거야. 이후 성기를 죽이고 왕검성을 완전히 무너뜨린 건 한나라가 아니라 우거왕의 아들과 신하들이었다고 해. 한반도 최초의 나라였던 고조선은 이렇게 멸망하게 되었단다.

◆ 한나라의 고조선 정복 전쟁(기원전 108년) : 중국 한나라와 고조선의 전쟁

놀림감이 된 백만 대군
수나라·당나라와 고구려 전쟁 ①

우리가 보통 아주 많은 숫자의 군사를 말할 때 '백만 대군'이라고 하지? 그런데 611년, 수나라가 고구려를 침공했을 때 동원된 군사의 수는 무려 113만 3800명이나 되었다고 해. 이렇게 많은 수의 군인이 한꺼번에 움직이려면 무엇이 가장 큰 문제일까? 그들이 행군하고 전쟁을 치르는 동안 먹을 식량이 가장 중요한 문제였지. 배가 고픈 상태에서는 제대로 싸울 수 없잖아. 하지만 엄청난 양의 식량을 한꺼번에 나를 수는

없으니, 각 군사들에게 개인 식량과 장비를 나눠 주었지. 이때 한 사람에게 주어진 무게가 200킬로그램이 넘었어. 식량을 버리면 죽이겠다고 겁을 주었지만 군사들은 몰래 구덩이를 파고 식량을 땅에 묻어 버렸지. 안 그러면 짐이 무거워 조금 걷다가 금세 지칠 테니 어쩔 수 없었을 거야. 그러니 중간도 채 못 가서 군인들의 식량이 다 떨어져 버린 건 당연한 일이었어.

그렇게 힘들게 고구려 땅까지 다가온 수나라 장수 우중문은 정예 부대 30만 명만 데리고 평양성을 공격했지. 고구려 장수 을지문덕은 식량이 떨어져 수나라 군사들이 제대로 먹지도 못한다는 것을 알게 되었어. 그래서 수나라 군사들을 지치게 하는 작전을 세웠지. 도망치는 척하고 멀리 물러났다가 다시 공격하기를 되풀이하는 거야. 을지문덕은 우중문을 조롱하는 시를 지어 보내 약을 올리기도 했어. 또 군대를 돌려 돌아가면 항복하겠다는 거짓 제안을 했는데, 지친 수나라 군대는 이 제안을 받아들였지. 하지만 을지문덕은 수나라 군대를 곱게 돌려보내지 않았어. 그들이 강을 건널 때 미리 막아 두었던 강둑을 터뜨려 30만 명의 수나라 군사를 거의 전멸시켰지.

✏️ 99퍼센트가 모르는 역사 상식

수나라는 네 차례에 걸쳐 쳐들어왔지만 고구려를 정복하지 못했어. 결국 수나라는 무리한 전쟁 때문에 국력이 약해져 나라의 문을 닫아야 했단다.

수나라에 이어 중국에는 당나라가 세워졌어. 당나라는 유럽까지 그 이름을 알린 힘이 강한 나라였지. 그러니 대륙의 구석에 파고든 고구려가 눈에 거슬렸을 거야. 고구려를 몰아내는 건 수나라 때부터 원하던 일이기도 했기 때문에, 당나라 황제 태종은 15만 명의 군사를 이끌고 직접 원정길에 올랐어.

이 전쟁 때 안시성에서 벌어진 전투는 당태종을 가장 괴롭혔지. 안시성은 고구려에게나 당나라에게나 아주 중요한 곳이었어. 고구려의 수도 평양으로 통하는 길목에 있었거든. 군사의 수가 많은 당나라는 작은 안시성을 쉽게 차지할 수 있을 거라고 생각했어. 하지만 안시성 사람들은 꿈쩍도 않고 버텼지. 이렇게 서로 버티며 시간이 흐르면 누가 더 불리할까? 멀리서 온 군대가 더 불리해져. 군사들의 식량이 떨어지기 때문이야. 또 날씨가 추워지면 군사들의 사기가 떨어지고 풀이 말라 그들이 데려온 가축들까지 굶어 죽게 되지.

당태종은 이 전투를 빨리 끝내기 위해 성 밖에 흙산을 쌓고 성을 공격하여 일부를 무너뜨렸어. 작전이 성공하는 듯했지. 그런데 오히려 안시성의 결사대 100명이 그 무너진 성벽으로 튀어나와 흙산을 점령해 버렸어. 두 달이나 걸려 애써 만든 흙산을 잃은 당나라 군대는 싸울 힘을 완전히 잃어버렸지. 결국 당태종은 후퇴할 수밖에 없었어. 이 전투에서 안시성 성주 양만춘 장군이 쏜 화살에 당태종이 눈을 맞아 애꾸가 되었다는 이야기가 있어. 또 당태종이 고구려 원정길에 얻은 병으로 죽었다고도 하지. 확실치는 않지만 당나라에게 얼마나 힘든 전쟁이었는지 짐작하게 하는 이야기들이야.

♦ 수나라 · 당나라와 고구려 전쟁(6세기 말) : 중국의 수나라 · 당나라와 고구려 사이의 전쟁

욕심 때문에 망한 나라
삼국 통일 전쟁

우리나라 삼국 중 백제는 신라와 당나라의 연합군과의 전쟁에 져서 망하고 말았어. 그런데 마지막 왕인 의자왕이 항복한 후에도 백제를 다시 일으켜 세우겠다고 나선 사람들이 있었지. 주류성에서 주로 활동한 왕족인 복신은 일본에 구원군을 요청했어. 당시 의자왕의 아들인 부여풍이 일본에 있었는데, 복신은 그가 돌아오면 백제의 왕으로 모시겠다

고 했지.

그때 일본의 사이메이 여왕은 백제를 도우러 오기 위해 군사를 모았어. 하지만 미처 출발도 하기 전에 사이메이가 세상을 떠났지. 나카노오오에 세자는 어머니의 장례를 치른 후 백제로 향했어. 400여 척의 배와 2만 7000명의 군사를 거느린 대원정이었다고 해.

부여풍은 구원군 5000명을 데리고 먼저 백제로 돌아왔어. 사기가 오른 복신의 군사들은 당나라 군대가 점령하고 있던 웅진성을 공격했지. 당시 신라와의 연결이 끊어졌던 당나라 군대는 웅진성에 갇혀 있었어. 아마 일본 구원군과 힘을 합해 맞섰다면 성을 다시 찾을 수 있었을지도 몰라. 그런데 그 무렵, 복신과 부여풍의 사이가 나빠졌단다. 복신은 모든 공을 부여풍이 차지할까 걱정하며 부여풍을 몰아내려 했어. 그래서 구원군이 바다에서 백강으로 들어서는 것을 막았지. 그렇게 시간을 끄는 동안 당나라 군대 7000명이 백제에 도착하고 말았어. 더 이상 참을 수 없었던 부여풍은 복신을 죽였지만, 이미 때는 늦어 버렸지.

신라군의 공격으로 주류성이 위기에 빠지자, 일본군은 주류성이라도 구해 보고자 백강 입구로 향했어. 그런데 그곳에는 당나라 수군이 기다리고 있었지. 이곳에서 일본군은 당나라 군대에 크게 패했대. 결국 부여풍도 고구려로 도망가고, 백제는 완전히 망하고 말았어.

♦ 삼국 통일 전쟁(660년~676년) : 신라 · 당나라 연합군과 고구려 혹은 백제 사이의 전쟁

일본은 전국 시대를 겪으며 병법, 무술, 바다에서의 전술 등을 발전시킬 수 있었어. 또 서양에서 들여온 신무기인 조총을 대량 생산하는 등 전쟁 준비를 다 끝낸 참이었지. 일본은 함께 힘을 합쳐 명나라를 공격하자고 조선에 제의했지만 조선은 이 제의를 거절했어. 당시 조선은 왕은 물론 왕비나 세자, 세자빈까지 명나라의 허락을 받아 세웠어. 그러니 조

선에게 명나라는 결코 침략의 대상이 될 수 없었겠지? 또한 조선은 200여 년 동안 전쟁을 겪지 않아서 준비도 전혀 안 되어 있었지. 게다가 심한 당파 싸움 때문에 나라의 힘이 몹시 쇠약해져 있었단다.

1590년, 일본의 움직임이 수상하다고 판단한 조선은 일본에 통신사를 보냈어. 그런데 다음 해에 돌아온 두 사람이 서로 반대되는 보고를 한 거야. 통신정사 황윤길은 일본이 전쟁 준비를 하고 있으니 경계해야 한다고 했고, 통신부사 김성일은 그런 움직임이 전혀 없으니 안심해도 된다고 했지. 두 사람의 보고가 달랐던 이유가 무엇일까? 황윤길은 서인이고 김성일은 동인으로, 서로 다른 당파였기 때문이야. 결국 당시 세력이 더 강했던 동인의 주장을 받아들여, 일본의 침략에 대비하지 않는 쪽으로 결론이 났어. 동인들은 '괜히 전쟁 준비를 해서 백성을 불안하게 만들 필요가 없다'라는 이유를 내세웠지. 그런데 이 결론이 난 다음 해에 일본이 쳐들어왔어. 임진왜란이 일어난 거야.

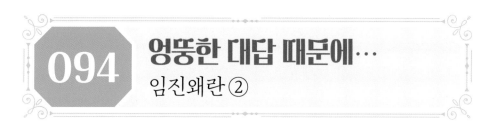

094 엉뚱한 대답 때문에…
임진왜란 ②

임진왜란이 일어날 때 조선의 관군은 힘이 없고 정치가들은 당파 싸움을 하느라 백성을 잘 돌보지 않았어. 그런 상황을 잘 알고 있던 일본

은 전쟁이 쉽게 끝날 것이라 생각했지. 그런데 백성들은 의병이 되어 저항했고, 바다의 수군은 일본군이 전쟁 물자를 실어나르지 못하게 방해했어. 의주까지 도망친 선조 임금은 중국 명나라에 지원군을 요청했지. 그때 명나라는 국력이 쇠약해져 다른 나라에 군사를 보낼 상황이 아니었어. 하지만 일본이 조선을 점령하면 자신들의 국경까지 위태롭게 될 것을 염려하여 군대를 보내기로 결정했지.

예상과 달리 전쟁 기간이 길어지자 일본은 당황하기 시작했어. 물자 보급이 제대로 이뤄지지 않고 전염병까지 도는 바람에 일본군은 매우 지쳐 버렸지. 결국 도요토미 히데요시는 명나라 사신 심유경에게 화해의 조건을 내걸었단다.

"첫째, 명나라 황녀를 일본 천황의 후궁으로 삼을 것. 둘째, 조선 8도 중 4도를 떼어 줄 것. 셋째, 조선 왕자와 대신 열두 명을 인질로 보낼 것. 이 조건들이 받아들여지지 않으면 전쟁을 계속하겠소."

심유경은 히데요시가 내놓은 조건들을 받아들였어. 일본은 그 약속을 믿고 조선에 있던 병력을 철수하고 포로로 잡았던 조선의 두 왕자를 돌려보냈지. 하지만 심유경은 명나라에 가서 딴 얘기를 했고 엉뚱한 답장을 받아왔어.

"도요토미 히데요시를 국왕으로 책봉하고, 일본이 명나라에 조공을 바치는 것을 허락한다."

화가 난 히데요시는 화해의 약속을 깨고 다시 조선에 침략해 왔어. 그것이 1597년에 일어난 정유재란이야.

♦ 임진왜란(1592년~1598년) : 조선 · 명나라와 일본 사이의 전쟁

095 충성을 바쳐라!
병자호란 ①

후금은 여진족이 만주에 세운 나라로, 힘을 크게 길러 명나라보다 더 강한 나라가 되었어. 하지만 조선의 왕 인조와 대신들은 후금을 무시하고 명나라만 섬기려 했지. 조선의 이런 태도에 화가 난 후금은 3만 명의

군사를 이끌고 조선에 쳐들어왔어.

　전쟁이 일어나자 조선의 임금 인조와 대신들은 강화도로 피신했어. 강화도에서 대신들은 후금에 맞서 싸울지 아니면 화해를 할지 격렬하게 토론했지. 그런데 후금이 먼저 화해를 요청해 왔어. 후금은 형제 관계를 맺겠다는 조선의 약속을 듣고 군사를 돌렸지.

　몇 년 후 후금은 나라 이름을 청으로 바꾸고 황제의 나라가 되었어. 청나라는 "조선과는 형제 관계가 아닌 임금과 신하의 관계를 맺어야 한다"라고 했지. 그래서 공물과 군사 3만 명을 보내 청나라 황제에게 충성을 바치라고 요구했어. 하지만 조선은 이를 받아들이지 않았고, 청나라는 12만 명의 군사를 이끌고 침략해 왔단다. 이것이 바로 병자호란이야.

머리를 조아린 조선의 왕
병자호란 ②

병자호란이 일어난 지 열흘 만에 청나라 군대는 조선의 수도 한양을 점령했어. 임금이었던 인조는 강화도로 피하려 했는데, 청나라 군대가 강화도로 가는 길을 미리 막아 버렸지. 인조는 어쩔 수 없이 남한산성으로 몸을 피했어. 남한산성에는 1만 명이 한 달 동안 먹을 수 있는 양식이 보관되어 있었단다. 인조와 신하들은 남한산성에서 50일 가까이 버

렸지만 결국 항복할 수밖에 없었어.

청나라 황제 태종에게 항복하는 날, 인조는 왕이 입는 붉은 옷이 아니라 죄인이 입는 푸른 옷을 입어야 했지. 또 남한산성에서 나올 때도 왕이 다니는 남문이 아니라 서문으로 나와야 했어. 인조가 청나라 황제에게 항복의 예를 바친 곳은 삼전도로, 지금의 서울 송파구 삼전동이란다. 청나라 태종은 9층으로 쌓은 높은 단 위, 노란 양산 아래 앉아 있었어. 인조는 단 아래 진흙 바닥에 엎드려 청나라 황제에게 절했지. 한 나라의 임금이 맨바닥에서 세 번 절하고 아홉 번 머리를 조아리는 신하의 예를 바친 거야.

♦ 병자호란(1636년~1637년) : 조선과 중국 청나라 사이의 전쟁

097 침략을 허락해 주세요
6·25 전쟁 ①

1948년, 대한민국이 세워지자마자 북한의 공산주의자들은 남한을 침략할 계획을 세웠어. 하지만 북한 혼자만의 힘으로는 전쟁을 일으킬 수 없었지. 군사력도 부족했지만 북한은 소련이나 중국의 허락을 받지 않고는 함부로 움직일 수 없는 꼭두각시였기 때문이야. 1949년 봄, 북한의 우두머리인 김일성은 모스크바에 가서 소련의 우두머리인 스탈린에

게 남한을 침략해도 되는지 물었지. 스탈린은 안 된다고 했어. 그때까지
는 미군이 남한에 있었기 때문이야.

한 달 후, 김일성이 보낸 특사가 중국의 마오쩌둥을 방문했어. 마오
쩌둥도 아직은 전쟁을 할 때가 아니라고 말렸지. 당시 중국에서는 공산
당과 국민당이 싸우는 중이었고, 국제 정세도 아직 북한에 유리하지 않
다는 이유였어. 그 대신 중공군의 일부를 북한군에 보내주기로 했지.

그런데 그해, 미군이 남한에서 철수하자 김일성은 다시 스탈린을 졸
랐지. 김일성이 스탈린과 마오쩌둥의 허락을 힘겹게 받아낸 것은 1950
년 4월이었어. 김일성은 침략 날짜를 6월 25일로 잡고, 8월 15일까지

서울에 공산주의 정부를 세우는 것을 목표로 삼았지. 북한과 소련은 서울만 점령하면 남한에서 공산당원이 함께 일어나 전쟁을 쉽게 마무리할 수 있을 것이라 기대했어. 그리고 1950년 6월 25일 새벽 네 시, 북한군이 38선을 넘어 침략해 왔어. 이날은 일요일이었지. 북한의 침략을 눈치채지 못한 국군은 그 전날 장병들에게 휴가나 외출, 외박을 허락해 주었단다. 그때 북한군의 병력이나 장비는 남한보다 훨씬 뛰어났어. 소련과 중국으로부터 몇 차례의 지원을 받았기 때문이야.

098 무슨 일이 있어도 지킨다!
6·25 전쟁 ②

낙동강 전투는 6·25 전쟁 중 가장 치열했던 전투로 꼽혀. 서울을 아주 쉽게 차지한 북한 인민군은 계속해서 남쪽으로 밀고 내려갔지. 8월 15일까지는 반드시 부산을 점령하라는 김일성의 명령을 지키기 위해 인민군 사령부는 마음이 급해졌지. 8월 초가 되자 인민군은 움직일 수 있는 부대의 절반을 대구 북쪽에 배치했어. 낙동강 전투에 거의 온 힘을 다 쏟기로 한 거야.

낙동강은 우리 편에게도 아주 중요한 지역이었어. 낙동강에서 적을

막지 못하면 인민군이 쉽게 부산까지 밀고 내려갈 수 있었거든. 그런데 그 지역을 방어하는 우리 편 군대의 병력은 북한군보다 적었대. 그래도 당시 미8군 사령관이던 워커 장군은 "우리는 더 이상 물러설 수 없고, 더 이상 물러설 곳도 없다. 무슨 일이 있어도 결코 후퇴란 있을 수 없다. 내가 여기서 죽더라도 끝까지 한국을 지키겠다"라며 결전의 의지를 보였지.

낙동강 방어선에서 국군과 유엔군은 북한 인민군을 막느라 정말 치열하게 싸웠어. 하지만 인민군은 쉽게 밀려나지 않았지. 서울을 되찾기 위해서는 낙동강이 아닌 다른 곳을 공격해야 했어. 그런데 부산 쪽을 제외한 다른 모든 해안을 인민군이 점령하고 있었기 때문에 바다로부터 공격해 들어가는 '상륙 작전'을 펼쳐야 했지. 상륙할 해안을 인천으로 결

정하는 데는 많은 문제가 있었어. 인천 앞바다는 썰물과 밀물의 차이가 크고 바다가 얕은 편인 데다 항구로 들어오는 뱃길도 좁고 물살도 거세거든. 그래서 여러 미군 장군이 이 작전을 반대했지. 하지만 유엔군 사령관이었던 맥아더 장군의 생각은 달랐단다. 그는 "적도 그렇게 생각하고 방어를 소홀히 할 것이다. 오히려 그래서 기습에 성공할 수 있다"라고 주장하며 인천에 상륙하기로 했어.

상륙 작전은 유엔군의 해군이 군함에서 인천을 향해 대포를 쏘는 것으로 시작되었지. 인천 해안을 지키던 인민군이 어느 정도 격퇴되었을 때, 마침내 미군 해병대가 상륙하였어. 낙동강 전선에 온 힘을 쏟던 인민군은 인천에서 갑작스러운 공격을 당하자 당황했지. 앞뒤 모두 우리 편 군대에 막힌 인민군은 모든 전선에서 후퇴하기 시작했단다. 인천 상륙 작전에 성공한 국군과 유엔군은 인민군을 물리치며 한강을 건넜지. 그리고 1950년 9월 28일, 드디어 서울을 되찾았어. 서울에 들어온 국군과 유엔군은 중앙청에 걸려 있던 북한의 인공기를 내리고 태극기를 게양했지.

인천상륙작전이 성공한 후, 국군과 유엔군은 계속해서 북쪽으로 전진하여 10월 19일에 평양을 점령했어. 남북 통일이 눈앞에 보이는 듯했지. 그런데 바로 그날, 30만 명이나 되는 중국 공산군이 압록강을 건너 한반도로 들어오고 있었어. 중공군은 소리도 없이 숨어들었지. 그리고 국군과 유엔군이 북한 깊숙이 들어갔을 때, 숨어 있던 중공군이 일제히

공격을 시작했어. 중공군은 군복도 제대로 입지 않고, 총이 없는 군인도 많았어. 하지만 나팔을 불고 꽹과리를 치며 몰려드는 병력은 마치 바닷물이 밀려드는 것처럼 보일 정도로 많았지.

개마고원 가까이 있는 장진호 근처에서 국군과 유엔군은 중공군과 치열한 전투를 벌였단다. 중공군은 장진호 근처에 있던 미군 해병대를 포위했어. 다섯 배나 많은 수로 말이야. 중공군은 미군 해병대를 전멸시키려 했지. 미군은 그 포위를 뚫고 함흥까지 후퇴해야 했어. 그때 미군 해병대 사단장은 "해병대원에게 후퇴란 절대 없다! 우리 사단은 철수하는 것이 아니다. 새로운 방향으로의 공격이다"라며 병사들의 사기를 북돋웠지. 미군 해병대는 엄청나게 추운 날씨에 불도저처럼 길을 뚫으며 전진했어. 결국 그들은 중공군을 물리치고 함흥으로 이동하는 데 성공했지. 그래서 장진호 전투를 '전쟁 역사 중 가장 위대한 후퇴'라고도 해.

크리스마스의 기적
6·25 전쟁 ⑤

1950년 11월 말, 국군과 유엔군은 한반도의 모든 전선에서 중공군에게 밀려 후퇴해야 했어. 서부 전선의 미군은 38선 부근까지 밀려 내려

왔지. 그런데 동부 전선에서는 중공군에 막혀 육지 길로 내려올 수 없었어. 그래서 동해안에서 배를 타고 후퇴할 계획을 세웠지. 군인들을 태울 배들이 흥남 부두로 몰려왔지만, 그 배들에는 피란민을 태울 자리가 없었어. 그런데 대한민국 군대를 따르는 피란민 30만 명이 흥남 부두로 몰려온 거야. 국군의 김백일 소장과 현봉학 통역관은 철수 책임을 맡은 알몬드 장군에게 피란민을 배에 태워달라고 요청했어. "미군이 피란민을 버리고 간다면 국군이 피란민을 보호하며 육지 길로 후퇴하겠다"라고도 했지. 이들의 굳은 의지에 감명받은 알몬드 장군은 피란민이 배에 탈 수 있도록 허락했어. 흥남 부두에 있던 배들에는 정원의 열 배가 넘는 피란민이 올라탔지. 이 철수 작전 덕분에 9만 명이 넘는 피란민이 자

유를 찾을 수 있었단다.

그중 3000명밖에 탈 수 없던 메러디스 빅토리호라는 화물선에는 무려 1만 4000명의 피란민이 탔대. 피란민들의 자리를 마련하기 위해 선장은 배에 실려 있던 장비와 무기를 바다에 버렸지. 배에는 음식물도 넉넉하지 않았고 날씨도 무척 추웠어. 그런데 사흘의 항해 끝에 거제도에 도착했을 때, 피란민의 숫자는 다섯 명이 더 늘어나 있었지. 발 디딜 틈도 없이 좁은 배 안에서 새 생명들이 태어난 거야. 미군은 이 아이들에게 '김치'라는 이름을 지어 줬어. 김치 1호부터 김치 5호까지 태어난 거지. 역사상 가장 인도적인 철수 작전으로 불리는 흥남 철수 작전은 12월 25일에 마무리되었어. 그래서 이 작전을 '크리스마스의 기적'이라 부르기도 해.

 ## 99퍼센트가 모르는 역사 상식

메러디스 빅토리호는 한 척의 배로 가장 많은 사람을 구출한 기록으로 기네스북에도 올랐어.

♦ 6·25 전쟁(1950년~1953년) : 국군·유엔군과 북한·중국 등 공산군 사이의 전쟁

101가지 쿨하고 흥미진진한 전쟁 이야기

1판 1쇄 인쇄 2022년 9월 15일
1판 1쇄 발행 2022년 9월 20일

지은이 황인희
펴낸이 이윤규

펴낸곳 유아이북스
출판등록 2012년 4월 2일
주소 서울시 용산구 효창원로 64길 6
전화 (02) 704-2521
팩스 (02) 715-3536
이메일 uibooks@uibooks.co.kr

ISBN 979-11-6322-080-0 43900
값 14,500원